Le Nouveau Rond-Point 2

Vous avez entre les mains le **Nouveau Rond-Point 2**, deuxième volume de la collection **Nouveau Rond-Point**. **Rond-Point** a introduit en Français Langue Étrangère l'approche actionnelle, avec l'unité didactique basée sur la réalisation d'une tâche. Après le vif succès remporté par la première édition de **Rond-Point**, nous avons souhaité en reprendre les points forts tout en actualisant l'ensemble de la collection grâce aux commentaires de nombreux professeurs utilisateurs.

Une révision en profondeur

Ainsi, ce **Nouveau Rond-Point 2** a été l'objet d'un profond travail de remaniement des unités : lexique, grammaire, dynamique des activités et tâches ont été revus dans le souci de vous garantir un contenu en harmonie avec les recommandations du *Cadre européen commun de référence pour les langues* (CECR) et les exigences de compétences du niveau B1.

Le **Nouveau Rond-Point 2** implique de la part de l'apprenant un travail plus approfondi sur le lexique et la grammaire. Les consignes ont été revues et simplifiées pour faciliter l'autonomie des apprenants dans la réalisation des activités et des tâches.

Ces changements ne nous ont évidemment pas fait perdre de vue la démarche actionnelle qui a guidé l'élaboration de ce manuel : l'interaction et la négociation demeurent des notions-clés pour que vos élèves acquièrent efficacement les différentes compétences établies par le CECR.

Pour ce travail ambitieux d'actualisation de la collection, nous avons eu le plaisir de bénéficier du conseil pédagogique de Christian Puren, que nous remercions chaleureusement pour son aide.

Le **Nouveau Rond-Point 2** comprend un total de dix unités, dont deux entièrement nouvelles qui permettent de mieux échelonner l'apprentissage.

Vos élèves pourront aussi, s'ils le souhaitent, se préparer aux épreuves officielles du DELF B1 dans la partie *Cahier d'activités*. Le CD avec l'ensemble des documents sonores, entièrement mis à jour, se trouve bien entendu dans le manuel.

Une offre multimédia complète

Nous vous rappelons que ce manuel et le *Guide du professeur* sont disponibles en version numérique et que nous vous offrons un site compagnon avec des ressources multimédias complémentaires. Consultez notre site Internet pour plus de renseignements : **www.emdl.fr**.

Un nouvel habillage pour plus d'efficacité

Cette refonte dans les contenus et la dynamique est accompagnée d'un important travail de mise à jour des photos et des documents authentiques. Nous espérons que vous apprécierez aussi la nouvelle maquette, que nous avons voulu claire et moderne pour vous aider à rendre plus efficace l'apprentissage de vos élèves.

Le plaisir d'apprendre

Au-delà des concepts méthodologiques qui sous-tendent ce manuel, nous avons surtout voulu, avec ce **Nouveau Rond-Point 2**, vous proposer un ouvrage grâce auquel vos élèves continueront à prendre plaisir à étudier le français.

Les auteurs

Dynamique des unités

Les unités du **Nouveau Rond-Point 2** sont organisées de façon à apporter à l'apprenant l'ensemble des compétences langagières et communicatives nécessaires à la réalisation de chacune des tâches finales. Le **Nouveau Rond-Point 2** amène progressivement l'apprenant à acquérir les savoirs et les savoir-faire pour communiquer et surtout interagir en français au niveau B1 du CECR.

Chaque unité comprend cinq doubles pages :

Ancrage : deux pages d'entrée en matière

Cette double page permet à l'apprenant d'aborder l'unité à partir de ses connaissances préalables du monde et, éventuellement, de la langue française. Elle cherche ainsi à rassurer l'apprenant qui ne part jamais de zéro et qui pourra mobiliser des compétences acquises dans d'autres domaines.

Les documents déclencheurs de cette double page sensibilisent l'apprenant au thème et aux objectifs de l'unité.

Annonce de la tâche ciblée

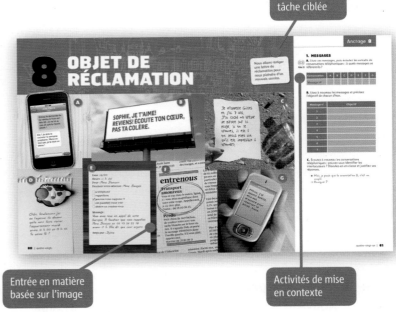

Entrée en matière basée sur l'image

Activités de mise en contexte

Implication directe de l'élève

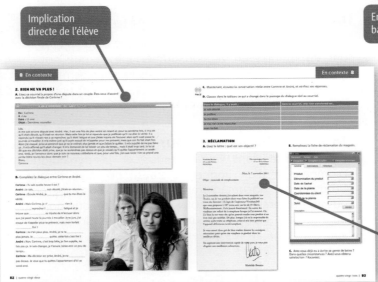

En contexte : deux pages de documents authentiques

Cette double page permet à l'apprenant d'entrer en contact avec des documents authentiques qui vont lui permettre de découvrir l'emploi de la langue en contexte.

La langue et le type de texte proposés serviront de base à l'apprenant pour réaliser la tâche finale.

Des modèles utiles à la tâche finale

Travail de mise en pratique individuel et/ou en groupe

Formes et ressources : deux pages d'outils linguistiques

Cette double page va aider l'apprenant à structurer le lexique et la grammaire nécessaires à la réalisation de la tâche. Les principaux points sont résumés et illustrés par des exemples en contexte dans la bande en bas de page.

L'apprenant systématise les points de langue qu'il devra être capable de réutiliser dans d'autres situations.

Reprise des principaux points de grammaire et de lexique

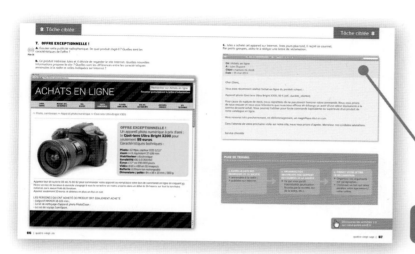

Tâche ciblée : deux pages de projet final

Cette double page amène l'apprenant à mobiliser l'ensemble de ses compétences et de ses savoir-faire pour que la réalisation de la tâche finale soit un succès. Sa réalisation est essentielle pour que l'ensemble du travail mené tout au long de l'unité prenne un véritable sens.

L'apprenant prend conscience de ses nouvelles compétences et de leur utilité.

Tâche finale = véritable motivation de l'apprenant

Regards croisés : deux pages de culture et de civilisation

Cette dernière double page complète l'information de culture et de civilisation de l'unité à travers de nouveaux documents authentiques.

Cette partie est aussi l'occasion d'inciter l'apprenant à développer ses compétences interculturelles en comparant la réalité de son pays avec celles du monde francophone.

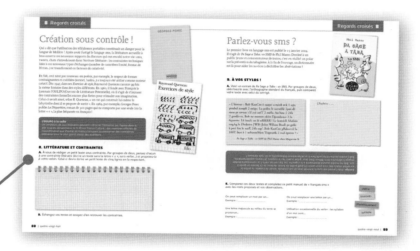

Activités de réflexion sur la culture et la vie quotidienne

Le précis de grammaire : 50 pages de synthèse grammaticale

Ces pages reprennent et développent les contenus grammaticaux des pages *Formes et Ressources* des unités. Elles sont complétées par un *Tableau de conjugaison* et un *Index*.

Tableau des contenus

Unité	Tâche finale	Typologie textuelle	Communication et savoir-faire
Unité 1 **PETITES ANNONCES**	**Nous allons chercher dans la classe une personne avec qui partager un appartement.**	Petites annonces immobilières, interview, annonces d'échange d'appartements, courriel, plan d'appartement, plan de ville, données statistiques.	- exprimer des affinités - exprimer des impressions - exprimer des sentiments - exprimer l'intensité - décrire l'endroit où nous habitons - demander et donner des informations sur nos goûts, notre caractère et nos habitudes - demander une confirmation - confirmer / infirmer une information
Unité 2 **RETOUR VERS LE PASSÉ**	**Nous allons mettre au point un alibi et justifier notre emploi du temps.**	Photos de presse, titres de presse, carnet de notes, interrogatoire, couverture de roman policier, extrait littéraire, extrait de presse (faits divers).	- situer dans le temps (1) - raconter des événements, des souvenirs - situer dans l'espace (1) - décrire des personnes - décrire des faits / des circonstances - demander et donner des informations précises (l'heure, le lieu, etc.)
Unité 3 **ET SI ON SORTAIT ?**	**Nous allons organiser un week-end dans notre ville pour des amis français.**	Dépliants, affiches, extrait de magazine (reportage touristique), page d'accueil d'un webzine culturel, blog, article de presse.	- parler de projets - décrire / évaluer un spectacle, une activité, un lieu... - exprimer nos préférences et nos habitudes en matière de loisirs - proposer / suggérer quelque chose - accepter / refuser une proposition - situer dans le temps (2)
Unité 4 **SOCIÉTÉ EN RÉSEAU**	**Nous allons organiser un débat sur l'installation de caméras de surveillance dans notre ville.**	Chat en direct, forum, cartes de présentation, site Internet, article de presse.	- donner son avis - participer à un débat - argumenter sur un sujet - organiser un débat
Unité 5 **PORTRAITS CROISÉS**	**Nous allons élaborer un test de personnalité et préparer un entretien d'embauche.**	Portrait chinois, roman-photos, test de personnalité, notes, récit de voyage, articles de presse, devinette.	- émettre des hypothèses certaines et incertaines - évaluer des qualités personnelles - adapter son registre de langue à la situation - comprendre des instructions - émettre des objections / y réagir - élaborer un questionnaire

NOUVEAU
ROND-POINT 2

Méthode de français basée sur l'apprentissage par les tâches

LIVRE DE L'ÉLÈVE + CD AUDIO + ACTIVITÉS 2.0

**Catherine Flumian
Josiane Labascoule
Serge Priniotakis
Corinne Royer**

Conseil pédagogique et révision : **Christian Puren**

Editions Maison des Langues, Paris

Compétences grammaticales	Compétences lexicales	Compétences (inter)culturelles	
- le conditionnel présent - la construction verbale des formes *ça m'irrite, ça me plaît...* - des outils pour exprimer l'intensité : *qu'est-ce que... !, si, tellement, trop*	- le caractère - l'habitat et le logement - *avoir l'air* + adjectif - *trouver* + COD + adjectif	- les quartiers multiculturels de Montréal	10
- le passé composé - l'imparfait - la concordance des temps (passé composé / imparfait / *être* à l'imparfait + *en train de* + infinitif) - les indicateurs de temps : *hier, hier matin, avant-hier, cet après-midi, vers 7 h 30, à 20 heures environ...* - les articulateurs chronologiques du discours : *d'abord, ensuite, puis, après, enfin...* - *avant* + nom, *avant de* + infinitif - *après* + nom / infinitif passé	- la description physique - les vêtements - les faits de société - *il me semble que...*	- la passion des polars - un personnage de polar : Maigret	20
- le futur proche - les prépositions de lieu : *à, au, dans, sur...* - les indicateurs de temps : *avant, après...* - des expressions pour suggérer quelque chose : *ça te dit de* + infinitif, *si* + imparfait	- les spectacles et les loisirs - les moments de la journée	- le théâtre de rue - le nouveau cirque - le Cirque du Soleil	30
- le présent du subjonctif - les verbes d'opinion : *je (ne) pense (pas) que, je (ne) crois (pas) que...* - le pronom relatif *dont*	- les médias - les réseaux sociaux - *à mon avis, d'après moi...* - les expressions qui organisent le débat	- les jeunes et leur usage d'Internet - les réseaux sociaux - les sites de rencontres	40
- les pronoms compléments d'objet direct (COD) et indirect (COI) : *le, la, les, l'* ; *lui, leur* - la place des pronoms COD et COI - les doubles pronoms - l'expression de l'hypothèse (1) : *si* + présent / futur ; *si* + imparfait / conditionnel présent	- le monde professionnel : l'entreprise, la recherche d'emploi, l'entretien d'embauche...	- le travail et ses lois en France	50

Tableau des contenus

Unité	Tâche finale	Typologie textuelle	Communication et savoir-faire
Unité 6 **QUAND TOUT À COUP...**	Nous allons raconter des anecdotes personnelles et choisir la meilleure de la classe.	Album-photos, blog, faits divers, articles littéraires, anecdotes, couverture de BD.	- comprendre une description - situer dans le temps (3) - synthétiser une information - commenter un texte (d'un blog) - comprendre un flash infos à la radio - raconter une anecdote, un événement - rédiger un fait divers, une histoire
Unité 7 **CHANGER POUR AVANCER**	Nous allons établir un plan d'action pour redynamiser un village sur le déclin.	Panneaux de signalisation, interview (entretien, micro-trottoir), données statistiques, plan d'action, courriel, forum, prophéties, article de presse, site Internet.	- situer dans le temps (4) - situer dans l'espace (2) - comprendre une interview - interpréter des informations statistiques - élaborer un plan d'action - rédiger un courriel - émettre une opinion, un doute, une crainte
Unité 8 **OBJET DE RÉCLAMATION**	Nous allons rédiger une lettre de réclamation pour nous plaindre d'un mauvais service.	Chat, écran publicitaire, message dans une bouteille, mot sur le frigo, note, annonce anonyme, sms, messages sur une boîte vocale, conversations téléphoniques, courriel, dialogue, lettre de réclamation, fiche de réclamation, site d'achat en ligne, couvertures de romans, extrait littéraire.	- demander réparation - rapporter un discours - raconter une histoire - se plaindre - exprimer le mécontentement - faire une réclamation - émettre des hypothèses non réalisées - exprimer un regret
Unité 9 **IL ÉTAIT UNE FOIS...**	Nous allons raconter notre version d'un conte traditionnel.	Extraits de contes traditionnels, titres de presse, récit, conte oral.	- comprendre un conte - dire un conte - exprimer une cause - exprimer une conséquence - exprimer un but - situer dans le temps (5)
Unité 10 **JEUX D'ÉQUIPE**	Nous allons créer un quiz sur la langue française et les cultures francophones pour faire un bilan de notre apprentissage.	Jeu de l'oie, bilan d'orientation, article de presse, émission de radio, test de connaissances, devinettes, quiz, règles de jeux, graphique.	- comprendre et mettre en pratique des règles de jeux - rédiger une règle de jeu - poser et répondre à des questions - situer dans le temps (6) - exprimer la négation - exprimer des sentiments

Compétences grammaticales	Compétences lexicales	Compétences (inter)culturelles	
- le plus-que-parfait - l'imparfait, le passé composé et le plus-que-parfait dans un récit - la voix passive : *être* + participe passé - les indicateurs de temps : *l'autre jour, il y a environ un mois, ce jour-là, au bout de quelques années, quelques jours auparavant, tout à coup...*	- des outils pour raconter des souvenirs, des rencontres, des incidents...	- la BD, un genre pour tous les âges !	60
- le pronom *en* - la prépositon de temps *dans* - les prépositions et locutions de lieu : *en, au fond de, à côté de...* - les verbes de sentiment + subjonctif (1) : *j'ai peur que...* - l'obligation et la recommandation : *il faut, il faudrait, on devrait...* - la possibilité et la probabilité : *il est possible que...*	- l'espace urbain - l'environnement naturel - l'écologie	- le bio - Nantes, capitale verte	70
- le conditionnel passé - l'expression de l'hypothèse (2) : *si* + plus-que-parfait / conditionnel passé - le discours rapporté au présent - le discours rapporté au passé - les pronoms possessifs : *le mien, la tienne, les leurs...* - les pronoms démonstratifs : *celui(-ci/là), celle(-ci/la), ceux(-ci/là)...*	- l'achat et la consommation - les mots et les expressions pour faire une réclamation	- les contraintes en littérature - le langage SMS	80
- le passé simple - le gérondif - la cause : *car, comme, puisque* - le but : *afin de* + infinitif, *pour que* + subjonctif - des connecteurs logiques : *pourtant, donc* - des marqueurs de temps : *lorsque, tandis que, pendant que*	- des outils pour raconter une histoire à l'écrit et à l'oral	- la langue créole - *Ti Pocame* : un conte populaire antillais	90
- les verbes de sentiment + subjonctif (2) : *tu veux que...* - la question à la forme interro-négative - les indicateurs de temps : *depuis, il y a... que, ça fait... que* - la restriction : *ne... que*	- les jeux : actions, consignes, organisation	- la francophonie - l'enseignement du français dans le monde - étudier en France	100

1 PETITES ANNONCES

Immobilier-location

ACCUEIL   **AFFICHER UNE ANNONCE**   **COLOC ALERTE**   **PROMO DU JOUR**

Qui sera notre 4ᵉ coloc' ?

Infos personnelles : Sarah, femme, 23 ans, non fumeuse
Loyer : 450 $
Logement : Maison à Prévost (Montréal)

Description générale :
Recherche un coloc pour partager maison à Prévost, bel emplacement, tout près du petit train du nord. Je fais de la danse classique. Je partage déjà la maison avec deux autres personnes : Kate, 20 ans, vendeuse, et Andreï, 28 ans, intermittent du spectacle. Nous nous entendons très bien, nous sommes sympas et faciles à vivre. Nous cherchons une personne sérieuse mais aimant quand même faire la fête de temps en temps. Nous sommes tous les trois plutôt matinaux.

Urgent !

Infos personnelles : Emma, femme, 28 ans, non fumeuse
Loyer : 440 $
Logement : Chambre à louer à Montréal

Description générale :
Meublé dans Notre-Dame-de-Grâce, près de la station de métro Vendôme. Inclus : WIFI, chauffage, machine à laver, frigo et cuisinière. Je voyage beaucoup pour mon travail et suis à l'appartement trois nuits par semaine seulement. Je fais de la méditation. Je ne supporte ni la musique techno ni les gens bruyants.

Vous cherchez une coloc' ?

Infos personnelles : Camille, femme, 20 ans, non fumeuse
Loyer : 425 $
Logement : Chambre à louer dans la Petite-Patrie

Description générale :
Grande chambre non meublée, avec armoire. Appartement très mignon situé dans la Petite-Patrie, à 15 minutes à pied du métro Rosemont. Je cherche une colocataire, étudiante de préférence, calme et sérieuse, non fumeuse. Je suis étudiante en journalisme, j'aime l'histoire, j'adore le jazz et regarder la télé. J'ai un chat, Eurasie. J'aime l'ordre et la propreté.

Cherche colocataire !

Infos personnelles : Marie, femme, 30 ans, fumeuse
Loyer : 520 $
Logement : Chambre disponible dans grand appartement

Description générale :
Je cherche un colocataire pour occuper chambre double au rez-de-chaussée. Grand et bel appartement, près du métro Jarry, avec garage et jardin. Colocataire étudiant(e) ou dans la vie active. Je travaille à la maison, le désordre ne me dérange pas, mais le bruit m'irrite. Je suis assez facile à vivre, j'adore la musique brésilienne, cuisiner et sortir.

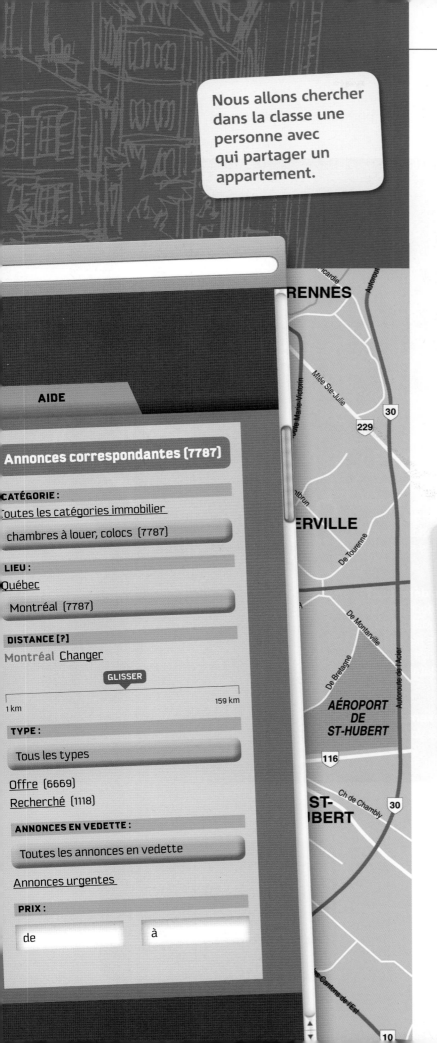

Nous allons chercher dans la classe une personne avec qui partager un appartement.

1. CHERCHE COLOC'

A. Ces quatre femmes cherchent un(e) colocataire à Montréal. Lisez leurs petites annonces et indiquez sur la photo de chacune leur prénom.

B. Avec qui préféreriez-vous habiter ?

● Moi, je préférerais habiter avec Camille, parce qu'elle est étudiante comme moi et non fumeuse.
○ Pas moi ! Je préférerais habiter avec…

2. VOTRE STAR AU JOUR LE JOUR

A. Lisez cette interview de la chanteuse Lara Salan et complétez les phrases sous le document.
Avez-vous des points communs avec Lara ? Lesquels ?

INTERVIEW

LARA SALAN

Rencontre avec une chanteuse révoltée
qui aime les sensations fortes !

Lara, quand vous n'êtes pas sur scène, que faites-vous ?
Eh bien, vous savez, dans ce métier, on a besoin de se retrouver seul avec soi même. Il faut se protéger de la surmédiatisation. Donc, quand j'ai du temps pour moi, je m'occupe de ma ferme dans le Gers et puis, j'ai une grande passion pour l'eau, la mer, le soleil. Dès que je peux, je vais à la mer.

Qu'est-ce que vous aimez particulièrement ?
J'aime la vie de famille, les enfants, cuisiner. J'adore accueillir des amis autour d'un bon plat. Il n'y a rien de plus agréable qu'une bonne table avec des amis et des rires. C'est si bon de retrouver des gens qu'on aime.

On dit que vous êtes une révoltée... Qu'en pensez-vous ?
J'ai l'air calme, mais oui, je me sens profondément révoltée. Je supporte mal le système qu'on nous impose, alors j'écris beaucoup.

Écrire, ça vous permet d'extérioriser votre révolte ?
Oui, j'ai besoin de l'écriture pour cela. Et comme je suis souvent impatiente et nerveuse, j'ai besoin de dépenser mon énergie, alors je fais du deltaplane et du saut à l'élastique. J'adore les sensasions fortes.

Qu'est-ce que vous détestez ?
Je n'aime pas les hypocrites, ces gens qui ont l'air sympathiques mais qui vous trompent. Je ne supporte pas qu'on me donne des ordres et il y a plein de petits détails qui me dérangent.

Comme quoi, par exemple ?
La fumée, le bruit des voitures en ville et... mon voisin !

1. Elle adore ....

2. Elle déteste ....

3. Elle fait souvent ....

4. Elle supporte mal ....

B. Comment décririez-vous le caractère de Lara Salan ?

● Elle a l'air facile à vivre.
○ En tout cas, elle a l'air dynamique parce qu'elle a plein d'énergie...

- sociable
- amusante
- sympa(thique)
- antipathique
- tolérante
- conviviale
- dynamique
- sérieuse
- rigide
- timide
- ouverte
- intelligente
- irritable
- calme

3. ÉCHANGES D'APPARTEMENTS

A. Regardez cette annonce d'échange d'appartements. Identifiez chaque pièce sur les photos.

B. Écoutez la conversation entre le propriétaire de cet appartement et une personne intéressée. Complétez les notes de cette dernière.

Piste 1

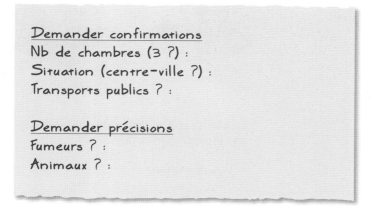

Demander confirmations
Nb de chambres (3 ?) :
Situation (centre-ville ?) :
Transports publics ? :

Demander précisions
Fumeurs ? :
Animaux ? :

C. Lisez ce courriel. Finalement, quelle décision prend la personne intéressée ? Pourquoi ?

De : gonzalezquique@mail.nrp
Objet : Échange appartement Lyon
Date : 25 mai
À : p.cabet@mail.nrp
Cc :

Cher M. Cabet,

J'ai été très content de vous avoir eu au téléphone hier soir et je vous remercie des précisions que vous m'avez apportées. Votre appartement à Lyon nous a vraiment plu sur les photos et il correspond parfaitement à ce que nous cherchons. Malheureusement, nous ne pouvons pas faire un échange avec vous : l'allergie de ma femme nous oblige à choisir un appartement sans animaux.
En espérant vous rencontrer malgré tout un jour, je vous envoie pour information des photos de notre appartement à Madrid.

Cordialement,

E. González

4. MOI, JE M'ENTENDRAIS BIEN AVEC...

A. Complétez cette fiche avec la description d'une personne de votre entourage (un ami, un cousin, une sœur, un frère...).

Prénom : ....

Âge : ....

Il / Elle adore...
....

Il / Elle déteste...
....

Ce qui le / la gêne beaucoup...
....

Ce qui ne le / la dérange pas beaucoup...
....

Il / Elle fait / lit / regarde... souvent / jamais...
....

B. Ensuite, par groupes de quatre, chacun lit à haute voix cette description et les autres doivent décider s'ils s'entendraient bien avec cette personne ou non.

● Moi, je m'entendrais bien avec... parce que...

EXPRIMER DES IMPRESSIONS

▶ **Avoir l'air** + adjectif
Elle a l'air ouverte. (= Elle semble être ouverte.)

Attention !
L'adjectif s'accorde avec le sujet.

Il a l'air **sérieux**.
Elle a l'air **sérieuse**.

▶ **Trouver** + COD + adjectif
Je trouve ce type antipathique. (= Il me semble...)

EXPRIMER DES SENTIMENTS

Le bruit **m'irrite**.
La fumée **me dérange**.
La pollution **me gêne**.
Le maquillage **m'agace**.
La tranquillité **m'énerve**.
La danse **me plaît**.

Si le sujet est au pluriel, le verbe se conjugue à la 3e personne du pluriel.

Tous ces bruits *m'éner***vent**.

Pour mettre en relief le sujet, on peut le placer en tête de phrase, suivi de **ça**.

Le bruit, ça **m'irrite**.

EXPRIMER L'INTENSITÉ

Qu'est-ce que c'est sombre **!**
Je le trouve **tellement** beau **!**
Elle est **si** belle **!**
Il est vraiment **trop** drôle. (en langage parlé)

5. VOTRE APPARTEMENT M'INTÉRESSE !

Demandez des précisions concernant cette annonce.

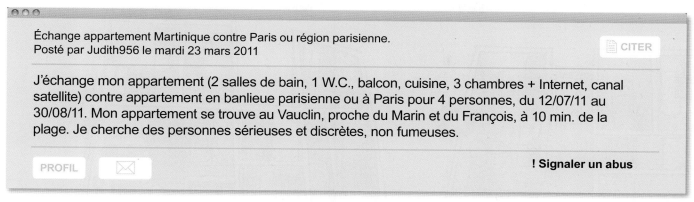

Échange appartement Martinique contre Paris ou région parisienne.
Posté par Judith956 le mardi 23 mars 2011

📄 CITER

J'échange mon appartement (2 salles de bain, 1 W.C., balcon, cuisine, 3 chambres + Internet, canal satellite) contre appartement en banlieue parisienne ou à Paris pour 4 personnes, du 12/07/11 au 30/08/11. Mon appartement se trouve au Vauclin, proche du Marin et du François, à 10 min. de la plage. Je cherche des personnes sérieuses et discrètes, non fumeuses.

PROFIL   ✉   ! Signaler un abus

Je serais intéressé par votre appartement mais j'aimerais en savoir plus...

6. RENCONTRES DE RÊVES !

Échangez avec des camarades à propos de personnes, célèbres ou non...

▶ que vous aimeriez rencontrer.
▶ avec qui vous dîneriez en tête-à-tête.
▶ avec qui vous partiriez volontiers en voyage à l'aventure.

▶ avec qui vous iriez voir un spectacle.
▶ que vous inviteriez chez vous pour Noël.
▶ avec qui vous passeriez bien une semaine de vacances.

● *Moi, j'aimerais rencontrer Anna Gavalda. Ses romans sont trop bien !*
○ *Eh bien moi, je passerais volontiers une semaine avec...*

LE CONDITIONNEL PRÉSENT

je	partir**ais**
tu	aimer**ais**
il / elle / on	pourr**ait**
nous	passer**ions**
vous	inviter**iez**
ils / elles	préférer**aient**

Les terminaisons du conditionnel présent sont les mêmes pour tous les verbes.

Ce temps sert à exprimer un désir.

> ***Je préférerais*** habiter avec Sonia.
> ***J'aimerais*** dîner avec Johnny Depp.
> ***J'adorerais*** passer une semaine de vacances avec Eminem.

Il sert aussi à faire une suggestion, une proposition.

> ***On pourrait*** chercher un troisième colocataire.
> ***Il pourrait*** dormir dans la salle à manger.

DEMANDER UNE CONFIRMATION

> ***Vous pourriez me confirmer*** notre rendez-vous ?
> *Vous êtes bien M. Henry ?*
> ***C'est bien*** le 06 54 56 87 98 ?

CONFIRMER / INFIRMER UNE INFORMATION

Oui, c'est (bien) ça.   *Non, ce n'est pas ça.*
C'est exact.   *Non, c'est faux.*
Exactement.   *Pas exactement.*
Tout à fait.   *Pas du tout.*

7. À LA RECHERCHE D'UN APPARTEMENT

A. Vous cherchez un logement. Par groupes de trois, mettez-vous d'accord sur l'appartement que vous allez choisir parmi les trois propositions.

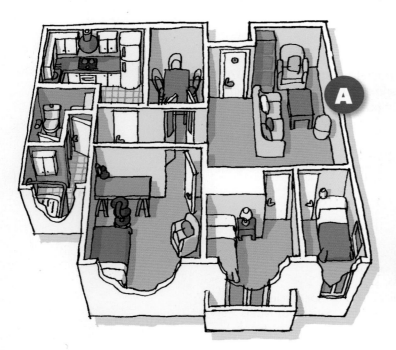

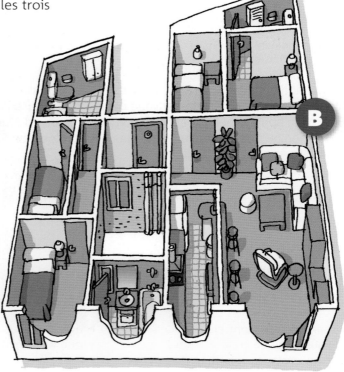

● On pourrait prendre l'appartement de 4 chambres.
○ Non, les chambres sont trop petites, moi je propose...
■ Non, je trouve que...

B. Vous venez de louer l'appartement que vous avez choisi avec vos deux camarades. Décidez comment vous allez partager l'espace et organiser votre cohabitation.

● Moi, je prends cette chambre.
○ Oui, et moi celle-là.
■ Non, je ne suis pas d'accord...

C. Le loyer de votre appartement a beaucoup augmenté. Vous décidez de chercher un quatrième colocataire. Où va-t-il dormir ?

● On pourrait partager une chambre ?
○ Non, je crois qu'on pourrait...

D. Vous avez déjà quelques candidats à la colocation et vous voulez les rencontrer. Préparez ensemble les questions que vous allez leur poser.

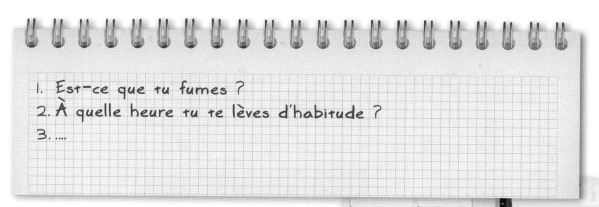

1. Est-ce que tu fumes ?
2. À quelle heure tu te lèves d'habitude ?
3. ....

E. Chacun va rencontrer un camarade d'un autre groupe qui jouera le rôle du candidat à la colocation. Vous allez l'interroger et lui montrer où il va dormir.

● Alors, tu vas partager la chambre de Paola.
○ D'accord, mais...

F. À présent, retrouvez votre groupe d'origine et mettez en commun les réponses des candidats. Décidez avec qui vous voulez partager votre appartement.

G. Maintenant, prévenez par courriel la personne que vous avez sélectionnée.

Supprimer	Indésirable	Répondre	Rép. à tous	Réexpédier	Imprimer

De :
Objet : colocation
Date :
À :
Cc :

vos stratégies

Les jeux de rôle sont parfois une très bonne façon de s'entraîner à communiquer. Imaginer des situations réalistes et préparer vos interventions sont des stratégies que vous pouvez intégrer à vos stratégies d'apprentissage.

 Découvrez les activités 2.0 sur rond-point.emdl.fr

Montréal : une ville multiculturelle !

Les différentes communautés culturelles qui peuplent Montréal depuis des générations lui donnent un charme bien à elle ! Les communautés italienne, chinoise, portugaise et grecque, entre autres, se sont installées dans cette ville et continuent d'y arriver, lui donnant ainsi un visage cosmopolite original.

▲ Portique chinois dans le quartier chinois.

Le quartier chinois : Il se situe aux portes du centre-ville entre le boulevard Saint-Laurent et la rue Saint-Urbain, au nord du parc du Mont Royal. Vous pouvez y trouver toutes sortes de produits chinois et asiatiques en général, des boutiques et des restaurants.

La Petite Italie : Ce quartier se situe entre le boulevard Saint-Laurent et la rue Saint-Denis, et s'étend jusqu'à la rue Jean-Talon, au nord. On y trouve des cafés, des *trattorias* (petits restaurants) et de nombreux commerces typiquement italiens.

▲ Boulevard Saint-Laurent depuis la rue Dante.

Le quartier portugais : La création de la communauté portugaise remonte au début des années 50 et le quartier portugais s'est formé en moins de dix ans. Il correspond à peu près au quartier Saint-Louis, sur le Plateau Mont-Royal, à deux pas du quartier chinois.

▲ Petite église rue Saint-Urbain.

▲ Fête nationale grecque à Montréal.

Le quartier grec : C'est dans les années 1960 que les immigrants grecs ont commencé à s'installer dans le quartier de Parc-Extension, particulièrement rue Jean-Talon. On y trouve notamment deux églises orthodoxes qui témoignent de l'importance de la communauté grecque à Montréal.

8. MONTRÉAL DE PRÈS

A. Situez chaque quartier sur la carte.

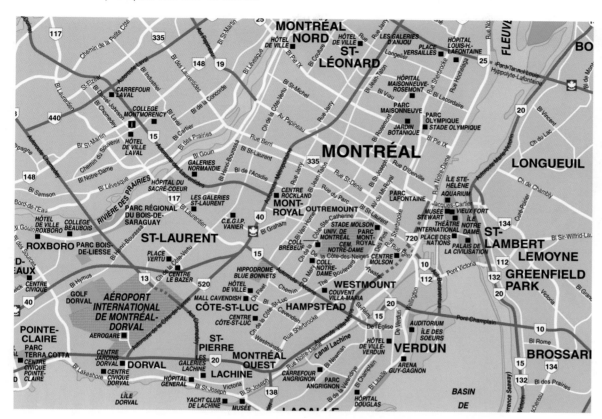

1. Le quartier chinois

2. Le quartier portugais

3. La Petite Italie

4. Le quartier grec

B. Lisez le texte suivant. Cela correspond-il à l'image que vous aviez de Montréal ? Discutez-en avec un camarade.

L'AGGLOMÉRATION DE MONTRÉAL ET SES HABITANTS

L'agglomération de Montréal est composée de seize municipalités, dont la ville de Montréal. Sa population est très diversifiée culturellement puisqu'une personne sur trois est née à l'extérieur du Canada [...]. D'ailleurs Montréal est le principal pôle d'attraction des immigrants. La population immigrante se chiffre à 558 250 personnes et représente 31 % de la population totale de l'agglomération de Montréal. Les Italiens, les Haïtiens et les Chinois y sont les plus nombreux ; les nouveaux arrivants proviennent surtout de la Chine, de l'Algérie et du Maroc. On peut entendre des centaines de langues à Montréal mais 50 % de la population de Montréal peut mener une conversation en français ou en anglais, le français demeurant la langue la plus utilisée, à la maison et au travail.

Source : Profil sociodémographique, Montréal en statistiques, édition mai 2009

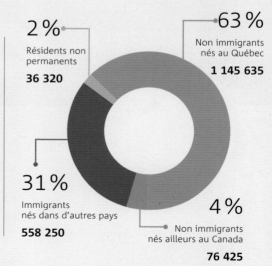

2 %
Résidents non permanents
36 320

63 %
Non immigrants nés au Québec
1 145 635

31 %
Immigrants nés dans d'autres pays
558 250

4 %
Non immigrants nés ailleurs au Canada
76 425

2 RETOUR VERS LE PASSÉ

Nous allons mettre au point un alibi et justifier notre emploi du temps.

1. ÉVÉNEMENTS MARQUANTS

A. Regardez ces photos et retrouvez les événements.

Berlin : le mur tombe

L'Espagne remporte la Coupe du monde de football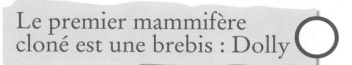

Le premier mammifère cloné est une brebis : Dolly ○

UNE MONNAIE POUR 304 MILLIONS D'EUROPÉENS ○

On a marché sur la Lune ○

Albert et Charlene se sont dit oui

B. C'était en quelle année ?

▸ 1969
▸ 2011
▸ 2002
▸ 1989
▸ 1996
▸ 2010

C. Vous rappelez-vous tous ces événements ? Quel âge aviez-vous cette année-là ?

● Moi, en 1969, je n'étais pas né !
○ Moi, non plus !
■ Moi, je me rappelle le jour où le mur de Berlin est tombé.

D. Quels autres événements vous ont particulièrement marqué ? C'était en quelle année ?

2. AU POSTE DE POLICE

A. Lisez cet extrait de roman policier. Pouvez-vous identifier les deux gangsters parmi ces cinq suspects ?

L'inspecteur Graimet allume sa pipe et commence à poser des questions :

– Alors, qu'est-ce que vous avez vu ?

– Eh bien, hier matin, à 9 heures, je suis allé à ma banque pour retirer de l'argent… Je faisais la queue au guichet quand…

– Il y avait beaucoup de monde ?

– Oui, euh, il y avait cinq personnes devant moi.

– Est-ce que vous avez remarqué quelque chose de suspect ?

– Oui, euh, juste devant moi, il y avait un homme…

– Comment était-il ?

– Grand, blond, les cheveux frisés.

– Comment était-il habillé ?

– Il portait un jean et un pull-over marron.

– Et alors ? Qu'est-ce qui était suspect ?

– Eh bien, il avait l'air très nerveux. Il regardait souvent vers la porte d'entrée.

– Bien et qu'est-ce qui s'est passé ?

– Soudain, un autre homme est entré en courant et…

– Comment était-il ?

– Euh, eh bien, il était plutôt de taille moyenne, roux, les cheveux raides… Il avait l'air très jeune. Ah ! et il portait des lunettes.

– Et à ce moment-là, qu'est-ce qui s'est passé ?

– L'homme qui était devant moi a sorti un revolver de sa poche et il a crié « Haut les mains ! C'est un hold-up ! »

– Alors, qu'est-ce que vous avez fait ?

– Moi ? Rien ! J'ai levé les bras comme tout le monde.

32

B. Observez les verbes de l'extrait. Relevez ceux qui sont à un temps du passé et séparez-les en deux groupes selon le modèle du tableau. Quelle remarque pouvez-vous faire concernant leur formation ?

vous avez vu	je faisais

C. Analysez la différence entre les verbes de ces deux colonnes et discutez-en avec votre professeur.

D. Choisissez l'un des personnages de l'illustration ci-dessus (non décrits dans le texte) et décrivez-le à votre camarade qui devra deviner de qui il s'agit.

● Il est plutôt grand, il a les cheveux raides… et il porte un blouson marron.
○ C'est celui-ci !

Il porte		Il a les cheveux	Il est chauve	Il est (plutôt)
• une veste	• des chaussures	• courts		• grand
• un blouson	• une casquette	• longs	**Il a les yeux**	• de taille moyenne
• un pull-over	• des lunettes	• raides	• bleus	• petit
• une chemise	• une moustache	• frisés	• verts	• gros
• une cravate	• la barbe	• bruns	• noirs	• mince
• un pantalon		• blonds	• marron	• maigre
• un jean		• roux	• gris	
		• châtains		

3. FAITS DIVERS

A. Olivier Debrun a été victime d'un vol. L'agent de police qui l'a interrogé a pris des notes sur son carnet. Lisez ses notes, puis imaginez avec un camarade ce qui est arrivé à Olivier Debrun.

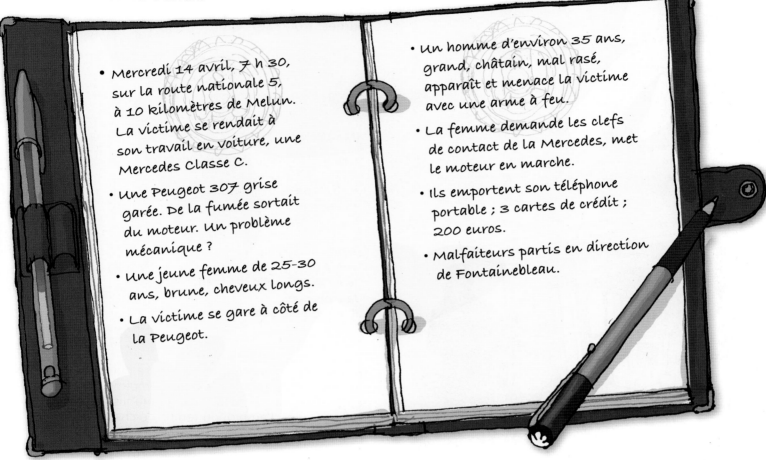

- Mercredi 14 avril, 7 h 30, sur la route nationale 5, à 10 kilomètres de Melun. La victime se rendait à son travail en voiture, une Mercedes Classe C.
- Une Peugeot 307 grise garée. De la fumée sortait du moteur. Un problème mécanique ?
- Une jeune femme de 25-30 ans, brune, cheveux longs.
- La victime se gare à côté de la Peugeot.

- Un homme d'environ 35 ans, grand, châtain, mal rasé, apparaît et menace la victime avec une arme à feu.
- La femme demande les clefs de contact de la Mercedes, met le moteur en marche.
- Ils emportent son téléphone portable ; 3 cartes de crédit ; 200 euros.
- Malfaiteurs partis en direction de Fontainebleau.

B. Écoutez les déclarations d'Olivier et complétez l'article suivant.

Piste 2

FAITS DIVERS

Vol de voiture à main armée sur la N5

Mercredi matin, un homme a été victime d'un couple de malfaiteurs sur la nationale 5, près de Melun.

Olivier Debrun . . . . comme d'habitude quand il a vu . . . . arrêtée sur le bord de la route nationale 5. . . . . faisait signe aux automobilistes de s'arrêter. « . . . . » raconte Olivier Debrun, « alors j'ai pensé qu'elle avait un problème

mécanique et je me suis arrêté pour l'aider. » À ce moment-là, le complice de la jeune femme, qui était caché dans la Peugeot, est sorti et a menacé Olivier Debrun avec . . . . La victime a été contrainte de donner . . . . ainsi que . . . . et . . . . qu'il portait sur lui. Les deux complices se sont enfuis . . . .

4. UN BON ALIBI

Répondez aux questions suivantes.

Où étiez-vous…

▶ dimanche dernier à 14 heures ?
▶ hier soir à 19 heures ?
▶ le 31 décembre à minuit ?
▶ le soir de votre dernier anniversaire ?
▶ avant-hier à 6 heures du matin ?
▶ ce matin à 8 heures 30 ?

● Moi, hier à 19 heures, j'étais chez moi en train de regarder la télévision.
○ Moi, j'étais au cinéma avec un ami.
■ Moi, je ne me rappelle pas bien, mais il me semble que…

5. QUE FAISIEZ-VOUS HIER QUAND… ?

A. Faites votre emploi du temps précis de la journée d'hier. Puis posez des questions à un camarade pour savoir ce qu'il était en train de faire au même moment que vous et à des différents moments de la journée. Notez ses réponses.

● Que faisais-tu hier quand je suis sorti faire des courses à 15 heures ?
○ Je crois que j'étais en train de réviser mes leçons.

(Moi) j'étais…

• en train de regarder la télévision.

• en classe.
• chez moi.
• au travail.

• avec ma famille.

Je ne me rappelle pas bien.
Je crois que…
Il me semble que…

B. Répétez l'exercice avec une autre personne, puis mettez en relation les deux emplois du temps. Partagez avec la classe et établissez, par recoupement, l'emploi du temps de chacun à un moment précis.

● Pendant que Samuel était en train de réviser ses leçons, Camille était en train de regarder un film.
○ Oui et Sebastien était en train de boire un café.

L'IMPARFAIT

● Que *faisiez-vous* samedi dernier, le soir ?

	PORTER	ÊTRE*
je / j'	port**ais**	**étais**
tu	port**ais**	**étais**
il / elle / on	port**ait**	**était**
nous	port**ions**	**étions**
vous	port**iez**	**étiez**
ils / elles	port**aient**	**étaient**

*__Être__ est le seul verbe irrégulier à l'imparfait.

L'imparfait sert à :
▶ parler de nos habitudes dans le passé.
*À cette époque-là, **elle se levait** tous les matins à 6 heures.*

▶ décrire une action en cours dans le passé.
***Je regardais** la télé quand le téléphone a sonné.*

▶ décrire les circonstances d'un événement.
*Il n'est pas venu en classe parce qu'**il était** malade.*

LE PASSÉ COMPOSÉ

● *Tu as étudié l'espagnol ?*
○ *Oui, pendant trois ans.*

● *Et Pierre, **il n'est pas venu** ?*
○ *Non, **je ne l'ai pas vu**.*

On conjugue avec l'auxiliaire **être** tous les verbes pronominaux (**se lever, s'habiller**, etc.) et les verbes **entrer, sortir, arriver, partir, passer, rester, devenir, monter, descendre, naître, mourir, tomber, aller, venir**.

6. À VOS STYLOS !

Par petits groupes, réécrivez les phrases ci-dessous sur une feuille. Puis, finissez la première phrase comme vous le souhaitez. Ensuite, pliez la feuille pour cacher ce que vous avez écrit et faites-la passer à votre voisin de droite qui complètera la 2e phrase, pliera à son tour la feuille et la fera passer à son voisin. La feuille doit circuler jusqu'à ce que le texte soit complet. Finalement, chaque groupe lit au reste de la classe le texte complet.

Samedi matin, à 8 heures, je / j' ....

....

Ensuite, je / j' ....

....

Après, vers 11 h 30, je / j' ....

....

L'après-midi, entre 14 heures et 16 heures, je / j' ....

et je / j' ....

Comme il faisait beau, je / j' ....

....

et puis je / j' ....

....

À 18 heures, je / j' ....

....

Enfin, je / j' ....

C'était une journée vraiment chargée !

7. C'EST LA VIE !

Piste 3

A. Écoutez Damien qui raconte à une amie ce qui a changé dans sa vie depuis quelques années. Notez les thèmes dont il parle et classez-les dans le tableau ci-dessous par ordre d'apparition.

loisirs | aspect physique | amis | lieu d'habitation

Thèmes de conversation	Changement
1 Aspect physique	
2	
3	
4	

B. Écoutez à nouveau leur conversation et notez dans le tableau les changements dont parle Damien. À votre avis, ces changements sont-ils positifs ou négatifs ?

C. Maintenant, pensez à deux changements dans votre vie et parlez-en avec deux autres camarades.

SITUER DANS LE TEMPS (1)

Hier,	
Hier matin,	
Hier soir,	
Avant-hier,	je suis allé(e) au cinéma.
Ce matin,	
Cet après-midi,	
Dimanche, lundi, mardi...	
Vers 7 h 30,	
À 20 heures environ,	

LA SUCCESSION DES ÉVÉNEMENTS

D'abord, j'ai pris mon petit déjeuner.
Ensuite, je me suis douché.
Puis je me suis habillé.
Après, je suis sorti.
Et puis j'ai pris l'autobus.
Enfin, je suis arrivé au travail.

Un moment antérieur

▶ **Avant** + nom
Avant les examens, j'étais très nerveuse.

▶ **Avant de** + infinitif
Avant de passer mes examens, j'étais très nerveuse.

Un moment postérieur

▶ **Après** + nom
Après le déjeuner, ils ont joué aux cartes.

▶ **Après** + infinitif passé
Après avoir déjeuné, ils ont joué aux cartes.

8. QU'EST-CE QUI S'EST PASSÉ ?

A. Écoutez cette information retransmise par une radio locale et numérotez les dessins dans l'ordre chronologique des faits.

Piste 4

B. La police soupçonne certains membres de votre classe d'être les auteurs de cet étrange cambriolage. Elle veut les interroger à propos de leur emploi du temps, hier soir entre 19 heures et 23 heures. Organisez les interrogatoires.

PLAN DE TRAVAIL

1. DIVISEZ LA CLASSE EN DEUX GROUPES : enquêteurs et suspects.

2. PRÉPAREZ LES INTERROGATOIRES

▶ Par groupes de deux, les enquêteurs préparent un questionnaire.

- Où étiez-vous… ?
- Que faisiez-vous… ?
- Avec qui étiez-vous… ?

▶ Les suspects, par deux aussi, élaborent un alibi.

- J'étais à…
- Je faisais…
- J'étais avec…

3. FAITES LES INTERROGATOIRES

Les enquêteurs d'un même groupe interrogent séparément les suspects d'un autre groupe pour avoir les alibis de chacun d'eux.

- Où étiez-vous entre 19 heures et 23 heures hier soir ?
- Moi, j'étais à la maison, je dormais…

C. Les enquêteurs comparent les réponses des suspects et cherchent des contradictions. Si cela est nécessaire, ils peuvent poser d'autres questions plus précises.

- Vous dites que vous étiez au restaurant. Pouvez-vous décrire le serveur ?

D. Après les interrogatoires, les enquêteurs décident si leurs suspects sont coupables ou non.

- Aleksandra et Nadia sont coupables : Aleksandra dit qu'elle est allée avec Nadia au restaurant à 21 heures, mais Nadia affirme…

 Découvrez les activités 2.0 sur rond-point.emdl.fr

La passion des polars

Le « polar » ou roman policier a ses partisans inconditionnels en France. D'après différentes statistiques, le roman policier et de suspense occupait, en 2009, la 2ᵉ place des lectures préférées des Français.

9. HÉROS DE ROMAN POLICIER

A. Lisez la description de ces personnages de polars. Lequel aimerez-vous découvrir ? Pourquoi ?

Personnages de polars

Voici deux célébrités de romans noirs.

San Antonio : Commissaire inventé par Frédéric Dard, il détient le record absolu d'apparitions : il figure dans 88 romans. Malgré le décor très français de la plupart de ses affaires, ce personnage est directement inspiré des romans noirs américains : beau gosse, passionné, aventurier, il ne recule devant aucun danger et se sort des situations les plus dangereuses avec brio et toujours un bon mot à la bouche. Il adore les femmes, mais vit avec sa maman à Neuilly.

Le Poulpe : De son vrai nom Gabriel Lecouvreur, ce personnage aux bras démesurément longs est la création conjointe de Jean-Bernard Pouy, Serge Quadruppani et Patrick Raynal, qui ont écrit ensemble sa première aventure. C'est un SDF qui cherche des affaires à résoudre pour son propre compte dans les pages « Faits divers » des journaux. L'originalité de la collection, c'est qu'elle sera ensuite écrite par des auteurs différents.

B. Aimez-vous ce genre de roman ? Est-il populaire dans votre pays ?

Un grand classique : Maigret

Jules Maigret est un personnage de fiction, connu dans le monde entier, protagoniste de 75 romans policiers et de 28 nouvelles de Georges Simenon. Cet auteur belge figure parmi les écrivains francophones les plus traduits dans le monde, et son œuvre a été adaptée au cinéma, à la télévision et même en bande dessinée. Voici la couverture et la première page de *Maigret et le fantôme*.

10. TOUJOURS NOIR

A. Remplissez la fiche du personnage de Maigret. Si vous ne trouvez pas les informations demandées, faites des suppositions. Vérifiez-les ensuite en faisant des recherches sur Internet.

Nom : Maigret

Prénom : Jules

Profession : ....

État civil : ....

Âge : ○ Plutôt 20 ans ?

○ Plutôt 30 ans ?

○ Plutôt 50 ans ?

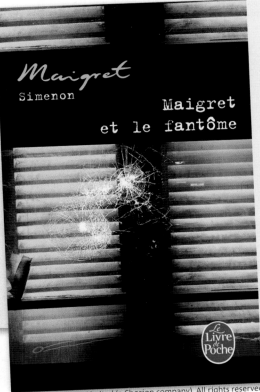

1

Les étranges nuits de l'inspecteur Lognon et les infirmités de Solange

Il était un peu plus de une heure, cette nuit-là, quand la lumière s'éteignit dans le bureau de Maigret. Le commissaire, les yeux gros de fatigue, poussa la porte du bureau des inspecteurs, où le jeune Lapointe et Bonfils restaient de garde.

— Bonne nuit, les enfants, grommela-t-il.

Dans le vaste couloir, les femmes de ménage balayaient et il leur adressa un petit signe de la main. Comme toujours à cette heure-là, il y avait un courant d'air et l'escalier qu'il descendait en compagnie de Janvier était humide et glacé.

On était au milieu de novembre. Il avait plu toute la journée. Depuis la veille à huit heures du matin, Maigret n'avait pas quitté l'atmosphère surchauffée de son bureau et, avant de traverser la cour, il releva le col de son pardessus.

7

B. À la lecture de la première page, quels sont les éléments inquiétants qui vous semblent connectés au titre du roman ? Faites-en la liste et comparez avec celle de vos camarades.

C. Dans ce genre de roman, on trouve souvent du lexique argotique. Après avoir écrit le mot en français standard, écrivez les équivalences dans votre langue, s'il y en a.

français		dans votre langue
argot	standard	argot
flic	policier	
fric		
taule		
piquer		
balancer		

DE CRIME - ZONE INTERDITE SCÈNE DE CRIME - ZONE INTERDITE SCÈ

Le Centre Belge de la Bande Dessinée

20 rue des Sables
1000 Bruxelles (Belgique)
Ouvert tous les jours (sauf lundi)
de 10 à 18 h
www.cbbd.be

Source : Centre Belge de la BD

BRUSSELS SIGHT JOGGING

Découvrez plus que lors d'une balade conventionnelle à pied.

Relaxez-vous après votre travail.

Visitez la capitale verte de l'Europe de manière responsable envers 'environnement

Courez à votre propre vitesse et profitez du parcours.

Rejoignez une communauté mondiale de voyageurs qui partagent un même état d'esprit.

web www.brusselssightjogging.com
e-mail info@brusselssightjogging.com
phone +32 471 666 424

FRANÇAIS /

LE FESTIVAL /

MIDIS/MINIMES

25

VINGT-CINQUIÈME ÉDITION /

ÉTÉ /

2011

DU 01 JUILLET /
AU 31 AOÛT /

CONSERVATOIRE /

À /

12:15'

CONCERT
QUOTIDIEN /

INFORMATIONS :

02/512 30 79
www.midis-minimes.be

29.06 | ÉCRAN TOTAL | 13.09
UNE AUTRE FAÇON DE PASSER L'ÉTÉ 2011
CINEMA ARENBERG : WWW.ARENBERG.BE

> Nous allons organiser un week-end dans notre ville pour des amis français.

Croisières d'été à Bruxelles
5/07 → 21/08/2011
Découvrir Bruxelles, ville au bord de l'eau

- **Chaque jour (sauf lundi - excepté 11/07 et 15/08)**
  Courte croisière (45 min.): à 14h, 15h, 16h, 17h.
  Ad.: 4 € - enf. (3 à 11 ans): 3 € - < 3 ans: gratuit. Sans réservation.
  Longue croisière (90 min.): à 12h. Possibilité de repas à bord.
  Ad.: 6 € - enf. (3 à 11 ans): 5 € - < 3 ans: gratuit. Sur réservation.
- **Mardi, vendredi et samedi soir**
  Croisière apéro (2h): vers Vilvorde et Grimbergen à 19h30.
  Apéritif gratuit. Possibilité de repas à bord.
  Ad.: 10 € - enf. (3 à 11 ans): 8 € - < 3 ans: gratuit. Sur réservation.

<u>Départ</u>: quai des Péniches - Bruxelles les Bains
(1/07 → 7/08)

Croisières au départ de Bruxelles
1/05 → 30/09/2011
Sur reservation!

- **Jeudi: croisière d'une journée → Anvers** + visite
  Ad.: 29 € - enf.: 22 € - < 3 ans: 7 €
- **Samedi: croisière d'une journée → Pays de l'Escaut**
  Ad.: 25 € - enf.: 18 € - < 3 ans: 5 €
- **Samedi/dimanche: croisière → passage de l'ascenseur de Strépy-Thieu/Plan Incliné de Ronquières**
  Ad.: 29 €/35 € - enf.: 22 €/28 € - < 3 ans: 7 €

Info: **www.brusselsbywater.be**

<u>Départ</u>: quai Béco - avenue du Port

BATEAU-BUS
Mardi: bateau-bus vers Anderlecht, Beersel ou Hal et retour à vélo.
Jeudi: bateau-bus vers le parc des Trois Fontaines à Vilvorde. Retour en bateau.

Autres trajets et tarifs sur **www.bateaubus.be**

Source : Bruxelles by water

Illustration de Marie Koerperich

1. À VOUS DE CHOISIR !

Quelles sont les activités qu'on peut faire à Bruxelles ce week-end ?

- [ ] regarder un match de football
- [ ] aller en boîte
- [ ] lire et écouter des textes littéraires en plein air
- [ ] faire du roller
- [ ] découvrir la ville en faisant du sport
- [ ] visiter un salon ou une exposition
- [ ] aller au cirque
- [ ] faire une croisière
- [ ] faire du shopping
- [ ] aller au cinéma
- [ ] suivre un cours de retouche de photos
- [ ] aller à un concert de musique classique
- [ ] assister à un atelier de dégustation de vin
- [ ] voir un spectacle de marionnettes
- [ ] participer à une randonnée urbaine
- [ ] s'initier au jonglage avec des balles
- [ ] écouter une conférence

2. ÇA TE DIT ?

Piste 5

A. Écoutez ces conversations entre amis. Que feront-ils ce week-end ?

1. Mario et Lucas ....

2. Sonia et Nathanaël ....

3. Lise et Katia ....

B. Et vous ? Qu'est-ce que vous faites habituellement le vendredi ou le samedi soir ?

- ● Moi, le samedi soir, je vais souvent danser avec les copains.
- ○ Moi, le vendredi soir, je vais quelquefois au cinéma ou bien j'organise un repas à la maison.

3. UN PROGRAMME CHARGÉ

A. Ces personnes parlent de leurs projets pour le week-end. Luc, par exemple, aimerait sortir avec Roxane, mais va-t-elle accepter ? Regardez ces illustrations ; dans chacun des dialogues, une phrase manque. Replacez les phrases ci-dessous dans le dialogue correspondant.

- Qu'est-ce qu'on fait samedi soir ?
- Ça te dit de venir avec moi ?
- Moi, j'ai très envie d'aller danser.
- Euh, je suis désolé mais je ne suis pas libre samedi !

A

- ○ Allô !
- ● Bonjour Roxane ! C'est Luc !
- ○ Ah, bonjour Luc !
- ● Dis-moi, est-ce que tu es libre ce week-end ?
- ○ Euh... Oui, pourquoi ?
- ● Eh bien, j'ai deux entrées pour le concert de M samedi soir.
- ○ Ah oui ? Génial !
- ● ....
- ○ Oui, merci pour l'invitation !

B

- ○ Qu'est-ce que tu fais, toi, ce week-end ?
- ■ .... Avec Samuel, on va au Macadam Pub vendredi soir. Y a Tête en l'air, tu sais, le groupe de Phil. Ça va être génial ! Et toi, qu'est-ce que tu fais ?
- ○ Moi, devine avec qui je sors !
- ■ Avec Luc ? C'est pas vrai !!
- ○ Si si ! Il m'a invitée au concert de M.
- ■ Super !!

C

- ❑ .... ?
- ▲ Il y a le festival du film d'action pendant tout le week-end. Ils passent le dernier Besson.
- ▼ Ah je l'ai vu, c'est pas terrible !
- ❑ En plus, moi, les films d'action, c'est pas mon truc.
- ▲ Et si on allait au théâtre ? J'ai entendu parler de cette pièce avec Patrice Chéreau. Il paraît qu'elle est géniale.
- ▼ Ouais, pour moi c'est d'accord ! Et toi, Thomas ?
- ❑ Ouais, pour moi aussi ! On prévient Luc ?
- ▼ Ok, je m'en charge.

D

- ● Allô ?
- ▼ Allô ? Luc ?
- ● Ah ! Salut, Yasmine !
- ▼ Écoute, samedi soir on sort avec les copains. Tu veux venir ?
- ● ....

Piste 6

B. Écoutez les dialogues complets et vérifiez, puis résumez ce qu'ils vont faire ce week-end.

Luc va sortir _samedi soir_ avec .... et ils vont aller ....

Sandra va sortir .... avec Samuel et ils vont ....

Yasmine va sortir .... avec .... et ils vont ....

C. Écoutez à nouveau. Vous avez remarqué comment...

- ▶ on propose de faire quelque chose ?
- ▶ on exprime un désir ?
- ▶ on accepte une proposition ?
- ▶ on refuse une invitation ?

4. LA VILLE ROSE

A. Lisez cet article sur Toulouse. Quelles activités aimeriez-vous faire dans cette ville ?

24 heures à... Toulouse

Nous continuons notre série **24 heures à...** consacrée aux lieux incontournables des villes françaises. Nous partons aujourd'hui pour Toulouse.

Toulouse, la Ville Rose, est une des villes où l'on vit le mieux en France. Ses atouts : sa douceur de vivre et un incontestable dynamisme économique et culturel. Toulouse mérite assurément le détour, lors d'une visite dans le Midi.

En matinée, vous pouvez prendre votre petit-déjeuner au **Temps des tartines**, 19 rue des Lois, à quelques pas du Capitole. Dans ce beau restaurant à thème, il faut absolument goûter aux tartines de pain complet et à la confiture de myrtilles maison, si la saison le permet. Il faut

BASILIQUE ST SERNIN

aller sur la **Place du Capitole**, admirer ses pierres roses et ses danseurs de Tecktonik ; **en fin de matinée**, visitez la **basilique Saint-Sernin**, un des plus vastes monuments romans d'Europe, **qui se trouve dans le même quartier.**

L'après-midi, un bon choix est de se promener sur les bords de la Garonne, à pied ou à VéloToulouse, pour s'imprégner de l'atmosphère des berges. Vous pourrez ainsi parcourir plusieurs siècles d'architecture en quelques heures. Pour les inconditionnels du shopping : la **rue Saint-Rome** ou la **place Occitane**.

BORD DE GARONNE

Si vous êtes à la recherche des fameuses violettes de Toulouse, vous ne devez pas rater **La cité des violettes**, en face de la gare Matabiau, tout près du boulevard Pierre Sémard, au numéro 12 de la rue Bonnefoy : c'est un magasin spécialisé où vous trouverez mille et une variétés de violettes, la célèbre fleur toulousaine.

En soirée, vous pouvez dîner dans le centre, 20 place St-Georges, chez **Monsieur Georges**, connu pour ses spécialités régionales et pour son ambiance conviviale. Le cassoulet est délicieux et la cave très bien fournie. La nuit, Toulouse offre un vaste choix de boîtes et de bars. Notre coup de cœur : le **Maximo**, 3 rue Gabriel Perry, pour son excellent choix de musiques africaines.

Du petit matin à l'aube, en after, pour les plus courageux, à partir de 2 heures du matin : le **Dan's club**, le **Luna**. Mention spéciale pour l'**Opus**, 24 rue Bachelier, pour la déco : on peut écrire à la craie sur les murs. Poésie noctambule garantie !

PLACE DU CAPITOLE

● Moi, j'aimerais bien prendre le petit-déjeuner au Temps des tartines et aller en after à l'Opus.

B. Vous êtes plutôt du matin ou du soir ? Que faites-vous à vos heures préférées ?

C. Dressez une liste des activités qu'on peut faire lors d'une visite de 24 heures chez vous.

À Rome, on peut prendre le petit-déjeuner au Café Coppa, sur la place Dante Alighieri.
À Rio, il faut absolument se promener, à pied ou à vélo, sur l'avenue Vieira Souto, en bord de mer.
À Athènes, vous pouvez déjeuner au Café Colombo dans le centre-ville.

5. EN BOÎTE OU AU CINÉMA ?

A. Vous allez découvrir ce que les autres personnes de la classe ont fait ce week-end. Mais d'abord, remplissez vous-même ce questionnaire.

Je suis resté(e)	☐	chez moi.
	☐	chez ....
Je suis allé(e)	☐	au cinéma.
	☐	à un concert.
	☐	en boîte.
	☐	chez des amis.
	☐	ailleurs : ....
J'ai fait	☐	du football.
	☐	du skateboard.
	☐	une randonnée.
	☐	autre chose : ....
J'ai vu	☐	un film.
	☐	une exposition.
	☐	autre chose : ....

B. Par petits groupes, discutez de vos activités du week-end.

- Qu'est-ce que tu as fait ce week-end ?
- Je suis allée à un concert de musique classique.

C. Quelles sont les trois activités les plus fréquentes dans votre classe ?

D. Vous avez déjà des projets pour le week-end prochain ? Parlez-en avec deux camarades.

- Moi, le week-end prochain, je vais aller au cinéma.
- Eh bien moi, je vais peut-être sortir en boîte. Et toi ?
- ■ Moi, je ne sais pas encore.

6. J'AI A-DO-RÉ !

Mettez-vous par groupes de trois et parlez des lieux où vous êtes allés et que vous avez adoré (ou détesté !).

- Moi, j'ai adoré la Sicile. C'était très beau, vraiment ! Il faisait un temps splendide et il y avait très peu de touristes dans le village où nous sommes allés.
- Et il y a un lieu que tu as détesté ?

7. CE WEEK-END, ON SORT !

A. Imaginez qu'un ami vienne passer le week-end dans votre ville. Pouvez-vous lui recommander des lieux où aller ?

VILLE : Munich

LIEU À VISITER : l'Englischer Garten

OÙ : L'Englischer Garten est au nord-est de Munich dans le quartier de Schwabing.

POURQUOI : J'adore l'Englischer Garten parce que c'est un des plus grands parcs de ville du monde. En plus, c'est tout près du centre-ville. Une curiosité : la Maison de thé japonaise et son jardin, une merveille !

B. Comparez vos fiches et commentez-les.

- Moi, je ne savais pas qu'il y avait un grand parc dans Munich, ça a l'air chouette !
- Oui, c'est super. Tu te promènes dans le centre-ville et tout à coup tu te retrouves à la campagne.

DÉCRIRE ET ÉVALUER QUELQUE CHOSE	PROPOSER, SUGGÉRER QUELQUE CHOSE	ACCEPTER OU REFUSER UNE PROPOSITION
● *Tu es allé au cinéma ?* ○ *Oui, j'ai vu le dernier film de Besson.*	▶ **Ça me / te / vous /... dit de / d'** + infinitif **?** ● **Ça te dit de** *manger un couscous ?* ○ *Non,* **ça** *ne* **me dit** *rien du tout.*	▶ Pour accepter : *Volontiers !*
C'était (vraiment) super. génial. nul.	▶ **(Et) si on** + imparfait + **?** ● **Et si on allait** *en boîte ?* ○ *C'est une bonne idée.*	*(C'est) D'accord !* *(C'est) Entendu !* ▶ Pour refuser :
C'était (très) beau. mauvais. bien. sympa.	● **Et si on regardait** *un film à la télé ?* ○ *Oh, non !*	*je ne suis pas libre.* *je ne suis pas là.* *(Je suis) désolé(e), mais* *je ne peux pas.* *je n'ai pas le temps.* *j'ai beaucoup de travail.*

8. RENDEZ-VOUS

Par groupes, lisez les activités proposées cette semaine dans votre ville.
Mettez-vous d'accord pour en choisir une ensemble.

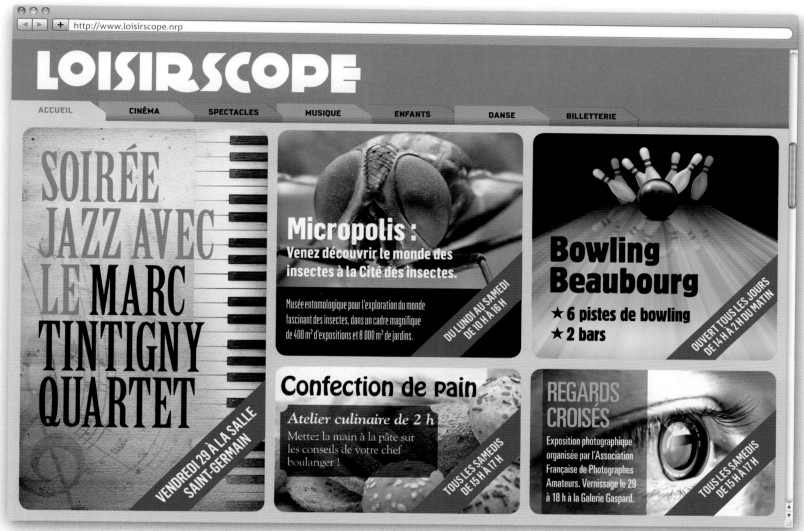

- Ça te dit d'aller au bowling samedi ?
○ Je voulais faire l'atelier de confection de pain.
- On peut y aller après l'atelier...

LE FUTUR PROCHE

- Qu'est-ce que **tu vas faire** ce week-end ?
○ **Je vais dormir.**

SITUER DANS LE TEMPS (2)

- Quand est-ce qu'on va chez Martin ?
○ **Samedi** soir.
○ **(Dans)** l'après-midi.
○ **En soirée / En fin de matinée.**
○ **À midi.**

INDIQUER UN LIEU

Dans le sud / l'est / l'ouest / le nord de
l'Espagne
Au sud / au nord / à l'est / à l'ouest de Paris
À Berlin
Au / Dans le centre de Londres
Au centre-ville
Dans mon quartier / la rue
Pas loin de chez moi
(Tout) près de la fac / du port
(Juste) à côté de la gare / du stade

Sur le boulevard / la place du marché
À la piscine / Au Café des sports
Au 3 rue de la Précision
En face de la gare
Au bord de la mer / de la Garonne

- Je vous recommande la pizzeria
« Chez Geppeto ».
○ Ah bon ? C'est où ?
- Tout près de chez moi, place de la Fontaine.

9. UN PROGRAMME PERSONNALISÉ

A. Votre école et celle de Charline, Rachid et Sarah ont organisé un échange. Lisez les présentations qu'ils ont laissées sur le blog de l'école et pensez aux endroits ou aux événements que vous pourriez leur recommander chez vous en fonction de leurs goûts. Parlez-en avec le reste de la classe.

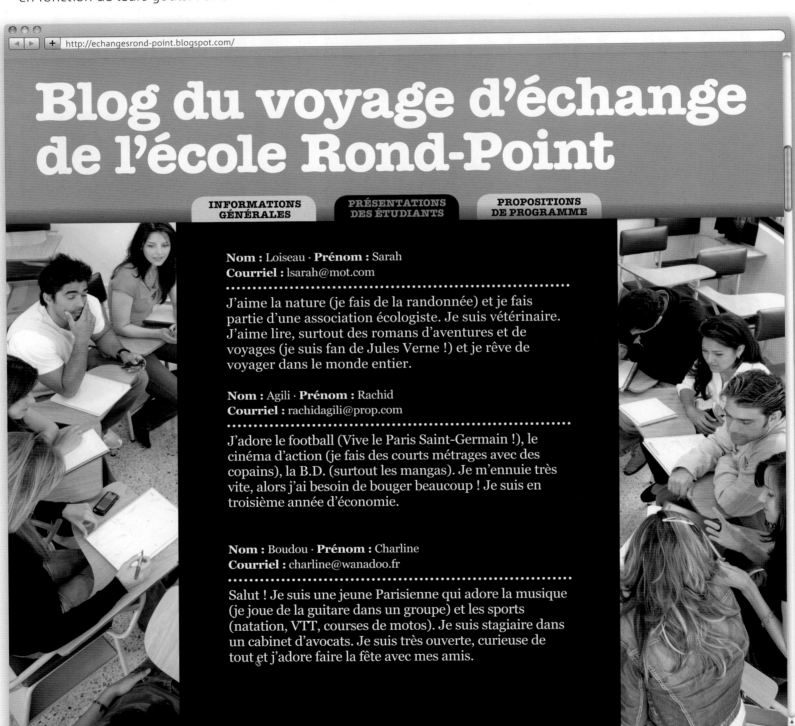

http://echangesrond-point.blogspot.com/

Blog du voyage d'échange de l'école Rond-Point

INFORMATIONS GÉNÉRALES | PRÉSENTATIONS DES ÉTUDIANTS | PROPOSITIONS DE PROGRAMME

Nom : Loiseau · **Prénom :** Sarah
Courriel : lsarah@mot.com

J'aime la nature (je fais de la randonnée) et je fais partie d'une association écologiste. Je suis vétérinaire. J'aime lire, surtout des romans d'aventures et de voyages (je suis fan de Jules Verne !) et je rêve de voyager dans le monde entier.

Nom : Agili · **Prénom :** Rachid
Courriel : rachidagili@prop.com

J'adore le football (Vive le Paris Saint-Germain !), le cinéma d'action (je fais des courts métrages avec des copains), la B.D. (surtout les mangas). Je m'ennuie très vite, alors j'ai besoin de bouger beaucoup ! Je suis en troisième année d'économie.

Nom : Boudou · **Prénom :** Charline
Courriel : charline@wanadoo.fr

Salut ! Je suis une jeune Parisienne qui adore la musique (je joue de la guitare dans un groupe) et les sports (natation, VTT, courses de motos). Je suis stagiaire dans un cabinet d'avocats. Je suis très ouverte, curieuse de tout et j'adore faire la fête avec mes amis.

● Sarah aime la nature. Elle pourrait visiter le jardin botanique. Il y a...

B. Ils arrivent vendredi soir ! Chacun décide lequel des trois il / elle veut accompagner ce week-end. Formez ensuite des groupes avec les camarades qui veulent accompagner la même personne.

- ● Rachid aime le football et moi aussi.
- ○ Charline est comme moi, elle adore la musique.

C. Maintenant, faites des propositions d'activités pour le week-end et discutez-en avec vos camarades. Essayez de prévoir les réactions de vos invités.

- ● Et si on allait en boîte vendredi soir ?
- ○ Non, ils vont être trop fatigués.
- ● On pourrait les emmener au restaurant alors ?
- ○ Oui, au Fidèle ! Ils vont adorer l'ambiance !

D. Écrivez le document que vous allez mettre sur le blog de l'école avec vos propositions pour le week-end.

PROGRAMME POUR LE WEEK-END

VENDREDI SOIR
- Nous supposons que vous serez trop fatigués pour sortir, alors...

SAMEDI
- Le matin, nous visiterons...
- Après dîner, nous irons...
- Nous rencontrerons les autres groupes à l'école avant de partir à...

DIMANCHE

vos stratégies ✕

La production d'un document collectif, quelle qu'en soit la langue, requiert une organisation par étapes qui commence par un remue-méninges (échanges d'idées) et une négociation pour n'en retenir que les plus pertinentes. Dans un deuxième temps, il faudra organiser ces idées autour d'un plan.

 Découvrez les activités 2.0 sur rond-point.emdl.fr

10. THÉÂTRE DE RUE

Lisez le texte suivant. À quoi fait référence l'expression de « quatrième mur » ?
Discutez-en avec un camarade.

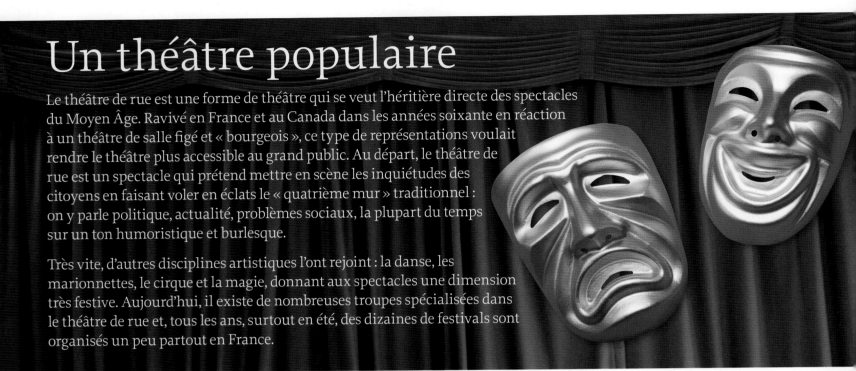

Un théâtre populaire

Le théâtre de rue est une forme de théâtre qui se veut l'héritière directe des spectacles du Moyen Âge. Ravivé en France et au Canada dans les années soixante en réaction à un théâtre de salle figé et « bourgeois », ce type de représentations voulait rendre le théâtre plus accessible au grand public. Au départ, le théâtre de rue est un spectacle qui prétend mettre en scène les inquiétudes des citoyens en faisant voler en éclats le « quatrième mur » traditionnel : on y parle politique, actualité, problèmes sociaux, la plupart du temps sur un ton humoristique et burlesque.

Très vite, d'autres disciplines artistiques l'ont rejoint : la danse, les marionnettes, le cirque et la magie, donnant aux spectacles une dimension très festive. Aujourd'hui, il existe de nombreuses troupes spécialisées dans le théâtre de rue et, tous les ans, surtout en été, des dizaines de festivals sont organisés un peu partout en France.

11. LA RUE EST À NOUS

A. Lisez l'article ci-dessous. Les arts de la rue réunissent-ils autant de public chez vous ?

La France, championne des arts de la rue

Des milliers de spectateurs, des centaines de compagnies, 250 festivals par an en France : après le cinéma, les arts de la rue sont le genre qui réunit le plus grand nombre de Français, soit 34 %. « C'est un domaine en pleine expansion. En trente ans, les Français sont devenus les champions du monde dans cette catégorie », assure Pierre Prévost, président de la Fédération nationale des arts de la rue, qui comprend 400 adhérents.[...]

« On jouit d'une vraie popularité, car on est dans un divertissement positif, festif, c'est un rendez-vous familial, où les enfants sont devenus les nouveaux spectateurs », ajoute Jean-Marie Songy, directeur artistique de Furies, festival de cirque et de théâtre de rue à Châlons-en-Champagne. [...]

Source : © lefigaro.fr / 2011

Compagnie de théâtre Un, deux, trois... Soleils !

B. Quel genre de spectacle préférez-vous ? Dans un espace ouvert ou dans une salle ?

12. LE PLUS GRAND SPECTACLE DU MONDE

A. Lisez ce texte. Comment peut-on caractériser cette évolution historique du cirque ?
À votre avis, qu'est-ce qui l'a provoquée ? Que pensez-vous de cette évolution ?

Le nouveau cirque

Dans les années 1970, le cirque s'essouffle, alors qu'au même moment le mouvement du nouveau cirque fait son apparition en France. Celui-ci est porté par la démocratisation de ce type de divertissement, avec l'ouverture d'écoles de cirque agréées par la Fédération française des écoles de cirque. Le cirque s'ouvre et se remet en question avec des spectacles davantage théâtralisés (comme ceux d'Archaos, du Cirque Baroque, du Cirque Plume, de Zingaro, de la Compagnie Mauvais Esprits...). Il remet en question les conventions de ce qu'on appelle désormais le « cirque traditionnel », lequel ne disparaît pas mais évolue en assimilant certaines innovations.

Plus récemment, la dernière génération d'artistes revendique une identité plus forte encore que celle du nouveau cirque et se revendique d'un « cirque contemporain » (dans les années 1990) ou d'un « cirque de création »

Cirque Plume, *L'atelier du peintre* par Henri Brauner

(dans les années 2000). Les frontières entre les disciplines deviennent de plus en plus floues et les spectacles s'inspirent de plus en plus du mouvement, de la performance, ou encore de la danse contemporaine, tout en s'éloignant du côté spectaculaire ou sensationnel caractéristique du cirque traditionnel et même du nouveau cirque.

B. Le cirque probablement le plus connu au monde est le Cirque du Soleil. Lisez le texte suivant pour connaître son origine et son originalité.

Le Cirque du Soleil

Le Cirque du Soleil est une entreprise québécoise de divertissement artistique spécialisée en cirque contemporain. Son siège social se trouve à Montréal, au Québec (Canada), dans le quartier Saint-Michel. Il a été fondé en 1984 à Baie-Saint-Paul par deux anciens artistes de rue, Guy Laliberté et Daniel Gauthier. La compagnie se distingue par une vision artistique différente du cirque traditionnel, avec notamment l'absence d'animaux, une grande importance donnée au jeu des comédiens et une priorité accordée aux numéros d'acrobatie.

4 SOCIÉTÉ EN RÉSEAU

Nous allons organiser un débat sur l'installation de caméras de surveillance dans notre ville.

1. PROFIL D'INTERNAUTE

A. Combien de temps passez-vous sur Internet ? Quel type d'internaute pensez-vous être ?

▶ Un « accro » au web : plus de 10 heures par jour
▶ Un utilisateur assidu : entre 7 et 9 heures par jour
▶ Un utilisateur fréquent : entre 3 et 6 heures par jour
▶ Un utilisateur occasionnel : entre 1 et 2 heures par jour
▶ Un « réfractaire » au web : jamais

● Moi je suis accro au web, j'y passe plus de 10 heures par jour.
○ Moi...

B. Sur quels types de sites passez-vous le plus de temps ? Classez-les par ordre de fréquentation.

Le site de votre messagerie électronique
Les sites de vos réseaux sociaux
Les sites de presse
Les sites de jeux en ligne
Les sites de musique en ligne
Les sites de téléchargement
Les sites d'achats en ligne
Les encyclopédies en ligne
Les sites de rencontres
Les chats
Les sites de plans (villes, pays...)
Les sites de vidéos en ligne

C. Comparez vos réponses avec celles du reste de la classe. Quels types de sites sont les plus visités ?

2. RÉSEAUX SOCIAUX ET VIE PRIVÉE

A. Lisez cet extrait d'un chat sur les réseaux sociaux organisé par un journal. Identifiez les inquiétudes et les solutions évoquées.

L'indépendant

| ACCUEIL | POUR ÉCRIRE À L'AUTEUR | S'ABONNER | ARCHIVES |

Réseaux sociaux : faut-il s'en méfier ?

 Elisabeth Chordis, docteur en ingénierie informatique, répond aux questions des internautes sur les problèmes que posent les réseaux sociaux.

Sylvain : Je me pose beaucoup de questions sur les données me concernant et qui circulent sur le web. Y a-t-il un moyen de les contrôler ou de les supprimer ?

E.C : Malheureusement pour l'instant, il est très difficile de maîtriser ce qui circule sur la Toile. **Même si** vous poursuivez tous les auteurs de toutes ces utilisations abusives de votre image, vous aurez très peu de possibilités d'action. La meilleure façon de garder le contrôle de votre identité sur l'espace numérique, c'est encore de la créer vous-même, **car** si vous ne le faites pas, elle sera créée par les autres.

Webaddict : Je ne suis pas d'accord : on ne trouve sur le web que ce que vous y mettez. Si vous faites attention, il n'y a aucun danger. **Par contre**, si vous négligez certains paramètres techniques, vous vous exposez à ce que votre identité soit piratée.

E.C. : Ce n'est pas tout à fait vrai : le propre des réseaux sociaux, c'est que vous n'êtes pas le seul à manipuler votre image. **Autrement dit**, d'autres y ont accès et ils peuvent l'utiliser.

SofiX : **En effet**, certains réseaux vous demandent même de signer une licence perpétuelle et irrévocable pour le monde entier : il y a de quoi avoir peur !

Gamin4Phil : D'accord, **mais** il faut être réaliste : **d'une part**, les réseaux sociaux font partie de notre vie, que nous le voulions ou pas. Pour ceux qui en sont fatigués, ils peuvent à tout moment décider de faire un « seppuku virtuel » : il y a maintenant des sites web qui peuvent vous aider à « disparaître » de la Toile. **D'autre part**, il y a toutes sortes d'avantages à leur utilisation, autrement personne ne les utiliserait ! Aujourd'hui, des révolutions se préparent sur la Toile. **Aussi**, je pense que la question n'est pas tant de résister à ces réseaux, que de savoir comment bien les utiliser à son profit.

B. Écoutez la conversation entre Nico, Claire et Dany, qui ont suivi ce chat. Quelle est la position de chacun vis-à-vis des réseaux sociaux. De qui vous sentez-vous le plus proche ?

Piste 7

● Moi, je suis assez d'accord avec Claire, parce que je pense aussi que...
○ Moi, je suis plus proche de Dany, parce que...

C. Relisez ce chat et observez les expressions en gras. Donnez-en un équivalent en français ou une traduction et discutez-en avec votre professeur.

3. LE DÉBAT EST OUVERT !

A. Lisez cet article sur l'accroissement des mesures de sécurité et les positions des internautes sur ce sujet. Ensuite, indiquez dans le tableau qui est pour et qui est contre.

http://www.lactualite.nrp

L'ACTUALITÉ

Recherchez sur lactualite.nrp

Recevez gratuitement notre bulletin

ACCUEIL ACTUALITÉS **DÉBATS** POLITIQUE SOCIÉTÉ

Sécurité ou liberté ?

Installation de caméras de surveillance, multiplication de milices privées sur le territoire, surveillance de notre courrier électronique, des dispositifs pour faire face aux menaces terroristes, des lois donnant de nouveaux pouvoirs à la police pour lutter contre la criminalité générale…
La sécurité est devenue un thème majeur du débat politique ; mais jusqu'à quel point nos libertés individuelles sont-elles mises à mal ? Points de vue.

Vos réactions (6)

Isabelle
S'il s'agit de lutter contre la criminalité à petite ou grande échelle, alors il n'y a pas d'hésitation à avoir. Tout ce que peuvent nous offrir les nouvelles technologies est bon à prendre et je ne crois pas qu'il faille s'en priver. Bien sûr, les risques de dérive existent, mais je pense qu'on peut les contrôler ; les lois sont faites pour ça.

uncertain
Ce qui se passe est très inquiétant et je ne pense pas que ce soit un hasard. Sous prétexte de lutter contre la criminalité ou le terrorisme, on en profite pour restreindre nos libertés individuelles. On préfère sanctionner plutôt que prévenir et informer. Mais voilà : un peuple qui a peur est plus facilement gouverné.

Maurice
Je pense que plus ça va, plus on nous demande de supporter des mesures liberticides. Je ne veux pas être filmé tous les jours, je ne veux pas qu'on aille vérifier quels sites je consulte. Toute cette histoire de sécurité, c'est de la poudre aux yeux pour nous faire oublier les vrais problèmes.

Babette66
Je ne sais pas ce que vous en pensez, mais moi ça me rassure de savoir que mes enfants n'ont pas accès à certains sites et que, s'ils y accédaient, je le saurais. Je veux les protéger, alors j'utilise tout ce qui est disponible. Les considérations sur la liberté passent après !

Valérie
Je crois que faire des concessions sur notre liberté, c'est un moindre mal : certes, je n'aime pas être filmée 24 heures sur 24, mais j'avoue que, dans mon quartier, c'est indispensable. Quand je rentre tard le soir chez moi, je préfère savoir que quelqu'un me surveille.

J.M.
Dans quelle société vivons-nous ? Devons-nous avoir peur de notre voisin ? Je vous dirais honnêtement que je préfère me passer de tous ces gadgets inutiles qui se multiplient dans notre ville et je préférerais que l'on utilise l'argent de mes impôts pour l'aménagement de crèches et d'espaces verts.

	Pour les mesures de sécurité	Contre les mesures de sécurité
Isabelle		
uncertain		
Maurice		
Babette66		
Valérie		
J.M.		

B. Et vous, qu'en pensez-vous ? La sécurité est-elle un objet de débat dans votre pays ? Discutez-en dans la classe.

---

vos stratégies

Après la lecture d'un article en ligne, habituez-vous à lire en diagonale les réactions des internautes : il ne s'agit ni de tout lire ni de tout comprendre, mais de survoler rapidement les textes de ces internautes pour repérer les mots et les idées-clés, afin d'avoir un rapide aperçu de leurs opinions.

4. DES APPLICATIONS ÉTONNANTES !

A. Lisez la présentation de ces applications pour smartphone. Laquelle achèteriez-vous volontiers ?

iPomme   Fonctionnalités   Design   Galerie   Caractéristiques techniques

LES PLUS VENDUES

MétéoVague

Surfeurs, *MétéoVague* est l'application qu'il vous faut : elle vous donne les conditions actualisées de tous les spots du monde. Vent, vagues, température de l'eau : toutes les informations dont vous avez besoin pour profiter au maximum de vos planches.

Quel temps ?

Une application dont le fonctionnement est très simple et qui vous donne la météo où que vous soyez. Avec surtout des données constamment fiables : elles sont actualisées toutes les 20 minutes !

Lisons

Lisons vous donnera toutes les informations sur les livres dont tout le monde parle mais que vous ne trouvez pas. Commandez les livres que vous voulez ou offrez-les dans des éditions spéciales dont vous pourrez personnaliser la couverture.

Ça pousse !

Vous n'avez pas la main verte ? Avec cette application, découvrez les secrets des plantes que vous aimez : conseils, trucs et astuces pour faire pousser des petites merveilles dont vous pourrez être fiers !

Rires

Vous vous ennuyez au bureau ou en soirée ? Cette application vous fera oublier votre ennui et souffler : une rafale de fous rires dont vous pouvez régler les paramètres (nombre de personnes, sexe, type de rire…). Irrésistible !

B. Observez les phrases avec **dont**. Comment fonctionne ce pronom relatif ? Discutez-en avec votre professeur.

C. À vous de créer une application. Par petits groupes, imaginez son nom et ses fonctions, et rédigez sa présentation. Quelle est l'application qui remporte le plus grand succès dans la classe ?

LE PRÉSENT DU SUBJONCTIF

Il se forme avec le radical du verbe à la 3e personne du pluriel du présent de l'indicatif pour **je**, **tu**, **il** et **ils**, et les formes de l'imparfait pour **nous** et **vous**.

	DEVOIR
ils doivent	que je doive
	que tu doives
	qu'il / elle / on doive
	qu'ils / elles doivent
nous devions	que nous devions
vous deviez	que vous deviez

Les verbes **être**, **avoir**, **faire**, **aller**, **savoir**, **pouvoir**, **falloir**, **valoir** et **vouloir** sont irréguliers.

	AVOIR	ÊTRE
que je / j'	aie	sois
que tu	aies	sois
qu'il / elle / on	ait	soit
que nous	ayons	soyons
que vous	ayez	soyez
qu'ils / elles	aient	soient

LE PRONOM RELATIF **DONT**

Dont peut être :
▶ complément de nom.
*Je connais un gars **dont** le père est policier à Lille. (= le père de ce gars est policier)*
▶ complément d'un verbe construit avec la préposition **de**.
*La privacité des données sur Internet est une question **dont** on parle souvent. (= on parle souvent de cette question)*

5. QU'EN PENSEZ-VOUS ?

A. Lisez ces phrases : êtes-vous d'accord ou pas d'accord ?

Il existe des talents naturels.

Aujourd'hui, on finit ses études de plus en plus tôt.

Les femmes font plus attention à leur ligne que les hommes.

On ne connaît jamais tout de son compagnon.

On est toujours responsable de ce qui nous arrive.

Il y a des langues plus faciles à apprendre que les autres.

Pour réussir dans la vie, il faut avoir des diplômes.

L'homme veut toujours accroître son pouvoir sur la nature.

On ne peut jamais choisir son destin.

● Moi, je ne crois pas qu'on soit toujours responsable de ce qui nous arrive.

B. À votre tour, exprimez des idées polémiques que vous soumettrez à la classe.

● Moi, je ne crois pas que les Jeux olympiques puissent être bénéfiques pour une ville.
○ Moi, je ne pense pas que...

6. IL S'AGIT DE...

Piste 8

A. L'animateur de ce débat télévisé annonce le thème de l'émission par une sorte de petite énigme. Écoutez ces quatre introductions et, à deux, faites des hypothèses sur les thèmes abordés.

	Indice	Mots-clés	Thème abordé
1	C'est un moment...		
2	C'est un thème...		
3	C'est un gaz...		
4	C'est un engin...		

B. Sur le même modèle, préparez une petite introduction sur un thème de votre choix puis lisez-la à haute voix. Vos camarades doivent deviner ce dont il va s'agir.

7. DILEMMES

A. Par groupes de quatre, choisissez un des thèmes suivants, ou un autre de votre choix. Dans le même groupe, deux d'entre vous vont prendre parti pour une option et les deux autres pour l'option contraire.

▶ Prendre la voiture ou les transports publics.
▶ Vivre en ville ou à la campagne.
▶ Étudier le français ou une autre langue.
▶ Travailler à l'étranger ou dans son propre pays.
▶ ...

B. Chaque binôme prépare son argumentation et défend brièvement son point de vue en réagissant aux arguments des autres. Utilisez des connecteurs logiques.

● C'est vrai que si on prend la voiture, on a plus de liberté que si on se déplace avec les transports publics, mais...

EXPRIMER UN POINT DE VUE

À mon avis, D'après moi, Je pense que Je crois que	+ indicatif
Je ne pense pas que Je ne crois pas que	+ subjonctif

Je pense que les caméras **sont** une solution.
Je ne pense pas que les caméras **soient** une solution.

LES EXPRESSIONS QUI ORGANISENT LE DÉBAT

On sait que la sécurité est un sujet très important.
En tant que sociologue, je dois dire que...
En ce qui concerne la violence dans certains quartiers, je trouve que...
D'une part, les parents ne surveillent pas suffisamment leurs enfants, **d'autre part...**
D'ailleurs, nous ne pouvons pas prétendre que les caméras résolvent tous les problèmes...

Les caméras sont aussi responsables d'une partie du problème, **c'est-à-dire que...**
En effet, l'insécurité n'est pas la seule responsable de...
Je ne partage pas l'avis de M. Delmas.
Certes, les parents doivent surveiller leurs enfants, **mais** Internet est une source d'information et...
Certains responsables de sites, **par contre,** ne comprennent pas qu'ils ont un rôle...

4 Tâche ciblée

8. POUR OU CONTRE ?

A. L'émission télévisée *Parlons-en !* aborde ce soir le thème des caméras de surveillance. Écoutez la présentation des invités et complétez leur fiche.

Piste 9

TV22

Marina Draman

• Mère au foyer

• 42 ans

❑ pour / ❑ contre

• Argument :

....

....

TV22

Pascal Lenne

• Président de l'Association pour la défense des libertés individuelles

• 38 ans

❑ pour / ❑ contre

• Argument :

....

....

TV22

François Canneau

• Capitaine de gendarmerie

• 46 ans

❑ pour / ❑ contre

• Argument :

Les caméras sont inefficaces.

TV22

Denis Lambert

• Directeur de CamReport

• 37 ans

❑ pour / ❑ contre

• Argument :

....

....

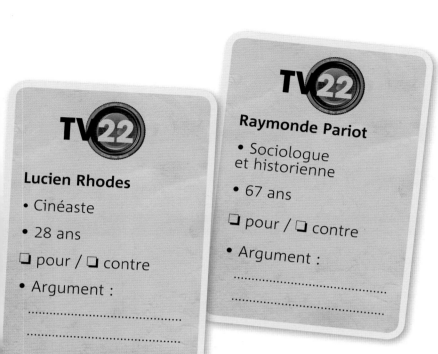

TV22

Lucien Rhodes

• Cinéaste

• 28 ans

❑ pour / ❑ contre

• Argument :

....

....

TV22

Raymonde Pariot

• Sociologue et historienne

• 67 ans

❑ pour / ❑ contre

• Argument :

....

....

B. Dans ce débat, choisissez votre camp : êtes-vous pour ou contre ? Formez des groupes du même avis et ajoutez des arguments.

● Moi, je suis plutôt d'accord avec Raymonde Pariot : je trouve aussi que...

○ Moi aussi...

C. Préparez-vous au débat : organisez vos arguments, justifiez vos points de vue, trouvez des exemples.

● On peut dire que les caméras sont une atteinte à la vie privée.

○ Oui, nous n'avons pas accès aux données enregistrées. Alors, si, par exemple,...

D. Le débat est ouvert : votre groupe devra affronter un groupe adverse. Débattez, mais essayez aussi d'arriver ensemble à une conclusion !

Découvrez les activités 2.0 sur rond-point.emdl.fr

9. STARS DU RÉSEAU

A. Par petits groupes, comparez les données de ce texte à la situation de votre pays.
Ensuite, discutez-en entre vous en classe.

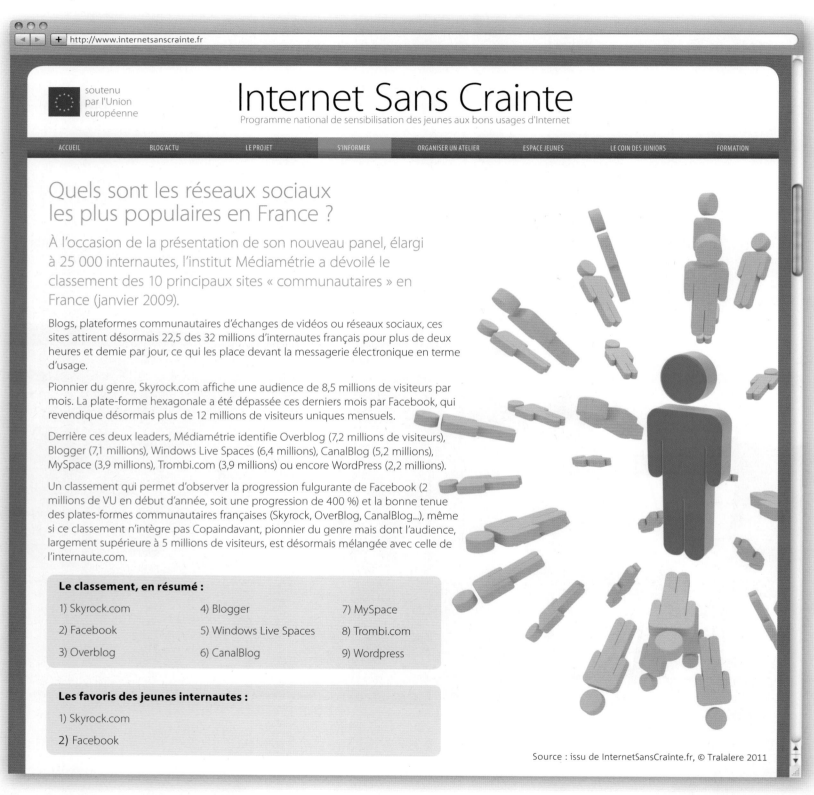

http://www.internetsanscrainte.fr

soutenu
par l'Union
européenne

Internet Sans Crainte
Programme national de sensibilisation des jeunes aux bons usages d'Internet

ACCUEIL   BLOG'ACTU   LE PROJET   S'INFORMER   ORGANISER UN ATELIER   ESPACE JEUNES   LE COIN DES JUNIORS   FORMATION

Quels sont les réseaux sociaux les plus populaires en France ?

À l'occasion de la présentation de son nouveau panel, élargi à 25 000 internautes, l'institut Médiamétrie a dévoilé le classement des 10 principaux sites « communautaires » en France (janvier 2009).

Blogs, plateformes communautaires d'échanges de vidéos ou réseaux sociaux, ces sites attirent désormais 22,5 des 32 millions d'internautes français pour plus de deux heures et demie par jour, ce qui les place devant la messagerie électronique en terme d'usage.

Pionnier du genre, Skyrock.com affiche une audience de 8,5 millions de visiteurs par mois. La plate-forme hexagonale a été dépassée ces derniers mois par Facebook, qui revendique désormais plus de 12 millions de visiteurs uniques mensuels.

Derrière ces deux leaders, Médiamétrie identifie Overblog (7,2 millions de visiteurs), Blogger (7,1 millions), Windows Live Spaces (6,4 millions), CanalBlog (5,2 millions), MySpace (3,9 millions), Trombi.com (3,9 millions) ou encore WordPress (2,2 millions).

Un classement qui permet d'observer la progression fulgurante de Facebook (2 millions de VU en début d'année, soit une progression de 400 %) et la bonne tenue des plates-formes communautaires françaises (Skyrock, OverBlog, CanalBlog...), même si ce classement n'intègre pas Copaindavant, pionnier du genre mais dont l'audience, largement supérieure à 5 millions de visiteurs, est désormais mélangée avec celle de l'internaute.com.

Le classement, en résumé :

1) Skyrock.com	4) Blogger	7) MySpace
2) Facebook	5) Windows Live Spaces	8) Trombi.com
3) Overblog	6) CanalBlog	9) Wordpress

Les favoris des jeunes internautes :

1) Skyrock.com

2) Facebook

Source : issu de InternetSansCrainte.fr, © Tralalere 2011

B. Et vous, faites-vous partie d'un réseau social ? Pourquoi ?

10. RENCONTRES EN LIGNE

A. Lisez ce texte. Connaissez-vous des couples qui se sont connus grâce à des sites de rencontre ? Racontez.

LE SECRET DE LEUR SUCCÈS

Selon l'Insee, la France compterait actuellement plus de 15 millions de célibataires, soit deux fois plus qu'il y a vingt ans. Une statistique ? Non, un véritable eldorado ! En dévoilant ces chiffres, en septembre dernier, l'Institut national de la statistique et des études économiques a fait saliver quantité d'entrepreneurs, toujours en quête de nouveaux marchés à conquérir...

Résultat : depuis quelques années, les sites de rencontres pullulent sur la Toile. On connaît presque tous, parmi ses relations, un couple noué sur Internet...

Mais cette étude est surtout extrêmement intéressante pour les entreprises qui animent ces sites. Un simple coup d'œil sur le parcours de Meetic, numéro 1 français et européen du domaine, suffit pour s'en convaincre. En à peine quatre ans, la petite start-up née à Boulogne-Billancourt s'est élevée parmi les géants du web, passant de 80 000 clients, en France, à plus de 20 millions, en Europe.

Le succès de Meetic et des autres géants de la rencontre en ligne, comme Match ou Parship, a bien évidemment aiguisé les appétits. Parmi tous les concurrents, de tailles diverses, qui tentent de s'approprier une part du gâteau, on trouve beaucoup de sites généralistes. Mais depuis quelque temps, on voit aussi se développer des sites spécialisés, s'adressant à un public dont le profil (culturel, ethnique, sociologique, etc.) est bien spécifique.

Désormais, on peut donc chercher l'âme sœur sur des sites communautaires, réservés à ceux qui partagent la même confession religieuse, la même couleur de peau ou les mêmes sensibilités politiques.

Alors, l'aventure vous tente ?

B. Comment expliquez-vous le succès de ces sites ? Êtes-vous pour ou contre ce genre de sites ? Pourquoi ?

5 PORTRAITS CROISÉS

LE PERSONNAGE MYSTÉRIEUX

Comme chaque année, nous vous proposons de participer à un concours qui vous permet de gagner un abonnement d'un an à notre magazine. Vous devez seulement nous dire laquelle de ces personnalités a répondu à ce portrait chinois. Bonne chance !

Si j'étais une saison, je serais... **le printemps.**

Si j'étais un fruit, je serais... **le fruit de la passion.**

Si j'étais une ville, je serais... **Paris.**

Si j'étais un vêtement, je serais... **un kilt ou un T-shirt rayé.**

Si j'étais un roman, je serais... ***Du côté de chez Swann*** de Marcel Proust.

Si j'étais une musique, je serais... **la techno.**

Si j'étais une heure, je serais... **4 heures du matin.**

Si j'étais des couleurs, je serais... **le blanc et le bleu.**

Si j'étais un objet, je serais... **un flacon de parfum.**

Si j'étais une boisson, je serais... **du champagne.**

Nous allons élaborer un test de personnalité et préparer un entretien d'embauche.

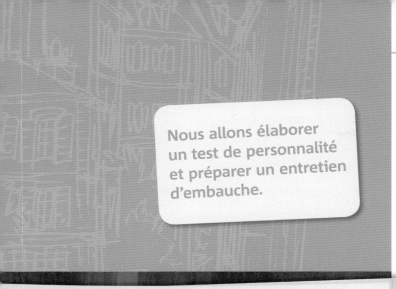

JULIETTE BINOCHE

JEAN-PAUL GAULTIER

ROGER FEDERER

1

2

3

1. QUI ÊTES-VOUS ?

A. Une revue a publié ce portrait chinois. À votre avis, de qui s'agit-il ?

Piste 10

B. Écoutez cette conversation à propos de ce concours et vérifiez votre réponse.

C. Relisez maintenant le portrait de la revue : êtes-vous d'accord avec la description de la star en question ? Si vous ne la connaissez pas, cherchez des renseignements sur elle (sur Internet, par exemple).

D. Quelles autres caractéristiques proposez-vous pour décrire cette personne ? Par deux, écrivez trois autres phrases dans le style du même portrait chinois.

● Si j'étais un personnage de fiction, je serais...

E. Écrivez votre portrait chinois.

> Si j'étais un fruit, je serais...
>
> Si j'étais des couleurs, je serais...
>
> Si j'étais un vêtement, je serais...
>
> Si j'étais un objet, je serais...
>
> Si j'étais une boisson, je serais...
>
> Si j'étais une musique, je serais...
>
> Si j'étais une saison, je serais...
>
> Si j'étais une ville, je serais...
>
> Si j'étais un roman, je serais...
>
> Si j'étais une heure, je serais...
>
> Si j'étais...

F. Ramassez tous les portraits de la classe. Mélangez-les et redistribuez-les. Chacun devine à qui correspond le portrait qu'il a reçu.

2. VIE SOCIALE

Piste 11

A. Voici deux extraits de romans-photos. Remplacez les phrases ci-dessous au bon endroit. Ensuite, écoutez et vérifiez.

a. Asseyez-vous, je vous en prie !

b. Mais asseyez-vous donc…

c. Entrez, je vous en prie !

d. Entrez, entrez.

e. Vas-y… Entre !

f. Assieds-toi, si tu veux.

g. Je te présente ma collègue, Marie.

L'ENTRETIEN
Fabienne a un entretien important…

LA FÊTE
Nadia organise une petite fête chez elle…

B. Quand dit-on généralement **vous** entre adultes, en France ? Cochez les bonnes réponses.

On utilise **vous** quand on parle…

à plusieurs personnes à la fois.		à un supérieur hiérarchique.
à une personne que l'on ne connaît pas.		au professeur.
à une personne avec qui on a des contacts superficiels (un voisin, un commerçant…).		à quelqu'un de sa famille.
à un(e) ami(e).		à un(e) camarade de classe.
à une personne âgée.		à un(e) collègue de même niveau hiérarchique.

3. VOUS CONNAISSEZ-VOUS ?

Répondez à ce test, puis, avec un camarade, comparez vos réponses. Lequel d'entre vous est le plus sociable ? À quoi le voit-on ?

Sociable ou misanthrope ?

Contraints de vivre en société, nous le supportons plus ou moins bien : entre amour et haine d'autrui, où vous situez-vous ? Êtes-vous conscients de votre degré de sociabilité ? Ce test vous aidera à vous connaître un peu mieux et à découvrir votre rapport aux autres.

1. Vous bloquez la rue avec votre voiture et un automobiliste klaxonne...
A. Vous lui souriez sans bouger.
B. Vous vous excusez et vous partez immédiatement.
C. Vous l'ignorez complètement.

2. Quel animal aimeriez-vous être ?
A. Un chimpanzé.
B. Un ours.
C. Un agneau.

3. Un ami vous a appelé mais vous étiez absent.
A. Vous attendez qu'il rappelle.
B. Vous l'appellerez après dîner.
C. Vous l'appelez immédiatement.

4. Si vous deviez partir vivre ailleurs, vous iriez à...
A. New York.
B. Oulan-Bator.
C. Bombay.

5. Un touriste étranger vous demande son chemin...
A. Vous répondez : « Sorry, I don't speak English ».
B. Si vous avez le temps, vous l'accompagnez jusqu'à sa destination.
C. Vous lui recommandez de prendre un taxi.

6. Si vous ne deviez pas travailler, qu'est-ce que vous feriez ?
A. Vous iriez tous les soirs en boîte.
B. Vous iriez vivre dans un petit village perdu.
C. Vous feriez du bénévolat dans une ONG.

7. Si vous vous inscriviez à une activité de loisir, ce serait...
A. du basket-ball.
B. de la natation.
C. de la salsa.

8. Si vous pouviez vivre la vie d'un personnage de fiction, qui aimeriez-vous être ?
A. Robinson Crusoé.
B. Spiderman.
C. Arsène Lupin.

9. Si vous invitiez cinq personnes à dîner ce soir et qu'il vous manquait trois chaises, qu'est-ce que vous feriez ?
A. Vous iriez demander trois chaises à un voisin.
B. Vous organiseriez un buffet froid.
C. Vous annuleriez le repas et passeriez la soirée tout seul.

10. Si vous voyiez un aveugle sur le point de traverser un carrefour dangereux, qu'est-ce que vous feriez ?
A. Vous l'observeriez pour intervenir si c'était nécessaire.
B. Vous le prendriez par la main pour l'aider à traverser.
C. Vous penseriez qu'il doit être habitué à traverser ce carrefour et vous continueriez votre chemin.

	A	B	C
1.	■	●	▲
2.	■	▲	●
3.	▲	■	●
4.	■	▲	●
5.	▲	●	■
6.	●	▲	■
7.	●	▲	■
8.	▲	●	■
9.	●	■	▲
10.	▲	●	■

Vous avez une majorité de

Sociable et généreux !

Vous êtes quelqu'un de très sociable. Vous êtes toujours attentif aux besoins des autres et vous avez bon caractère. Mais attention à ne pas laisser certaines personnes abuser de votre confiance !

Vous avez une majorité de

La société représente pour vous le confort !

Vous êtes sociable par intérêt : vous préférez les avantages que vous offre la vie en société et vous êtes quelqu'un de fondamentalement urbain. Pas question pour vous de vous exiler au fond de la forêt amazonienne, car vous pensez que vous n'avez rien à y faire.

Vous avez une majorité de

Vous manquez de confiance en la société !

Vous avez une tendance misanthrope. Vous avez besoin d'être seul pour vous détendre réellement et être capable d'affronter le stress de la vie en société. Vous vous sentez parfois attiré par les expériences mystiques.

● Moi, je pense que tu es plus sociable que moi parce que tu as choisi...

4. JE PENSE À QUELQUE CHOSE...

A. Par petits groupes, pensez à quelque chose (objet, animal...) que vous allez devoir faire deviner à vos camarades.

B. Trouvez des phrases pour définir ce que vous avez choisi.

C. Posez la devinette à la classe.

● On les considère comme les meilleurs amis de l'homme et il faut leur mettre un collier.
○ Les chiens !

5. TRAVAILLER POUR VIVRE OU VIVRE POUR TRAVAILLER ?

A. Faites ce test de personnalité.

Test de personnalité	Oui	Non
1 Si vous gagniez beaucoup d'argent au loto, continueriez-vous à travailler ?		
2 Si vous étiez propriétaire d'une grande société, iriez-vous au bureau tous les jours ?		
3 Si vous étiez responsable d'un projet très important en retard, sacrifieriez-vous votre unique semaine de vacances pour le terminer ?		
4 Si votre société était en difficulté financière, accepteriez-vous de renoncer à quelques mois de salaire ?		
5 Si on vous proposait d'avoir plus de responsabilités avec le même salaire, accepteriez-vous ?		
6 Si vous acceptiez de remplacer un collègue sur un projet, lui demanderiez-vous de vous rendre le même service plus tard ?		
7 Si votre société organisait une fête que vous savez particulièrement ennuyeuse, y assisteriez-vous malgré tout ?		
8 Si vous aviez la possibilité de ne pas aller travailler sans que personne ne le sache, iriez-vous malgré tout ?		
9 ...		

B. Ajoutez d'autres questions pertinentes à ce test et soumettez-les à un camarade. Que pouvez-vous dire de lui ?

LES PRONOMS COD ET COI

	COD	COI
SINGULIER	la / le / l'	lui
PLURIEL	les	leur

● Tu vois Marie ce soir ? Vous faites quoi ?
○ Oui, je **la** vois ; je **l'**emmène au cinéma.

La place des pronoms COD et COI
Les pronoms COD et COI se placent avant le verbe simple ou avant l'auxiliaire aux temps composés.
*La télé, je **la** regarde surtout le week-end.*
*Je **lui** ai parlé.*
*Ne **lui** dis rien.*

Cependant, si le verbe est à l'impératif affirmatif, le pronom se place derrière le verbe.
*Regarde-**la** bien ! Tu ne trouves pas qu'elle ressemble à ta mère ?*
*Expliquez-**leur** bien le chemin.*

LES DOUBLES PRONOMS

Avec des verbes aux temps simples
Si le verbe a deux compléments d'objet de 3e personne, l'un direct, l'autre indirect, c'est le complément d'objet direct qui se place en premier.
Je donne le cadeau à ma sœur.
*Je **le** donne à ma sœur.*
*Je **lui** donne le cadeau.*
*Je **le lui** donne.*
*Donne-**le lui**.*

6. CE SOIR, BABY-SITTER !

Piste 12

A. Écoutez ce dialogue entre Mme Jullien et la baby-sitter de ses enfants et notez ce que la jeune fille doit faire.

B. Maintenant, complétez la note laissée par Mme Jullien pour Martine.

> Martine, voici un rappel des choses à faire vendredi.
>
> Anatole : lui faire réciter sa poésie.
>
> Lucie :
>
> Les deux :
>
> Merci !
> Mme Jullien

7. FERMEZ LES YEUX...

Piste 13

A. Vous allez entendre une histoire. Fermez les yeux et imaginez que vous partez en voyage dans le désert du Sahara. Imaginez les scènes suggérées et répondez mentalement aux questions qui vous sont posées. Profitez des pauses pour ouvrir les yeux et noter rapidement ces réponses.

B. Maintenant, ouvrez lentement les yeux et regardez ce que vous avez écrit. Le professeur va vous donner des clés pour interpréter vos réponses. Est-ce que vous êtes d'accord avec ces interprétations ? Parlez-en avec un camarade.

8. VOYAGE, VOYAGE

A. Avec un ami, vous rêvez de participer à une expédition extraordinaire. Vous savez que c'est difficile (problème de temps, d'argent...) et dangereux (climat, situation politique...), mais rien n'empêche de rêver ! Par deux, choisissez une expédition et décrivez ce que vous feriez si vous pouviez l'organiser. Partagez-la ensuite avec la classe.

- Si nous avions le courage, nous irions à..., nous ferions...

B. Vous avez de la chance : votre rêve se réalise, mais, avant de partir, vous devez rassurer un proche qui s'inquiète. Dans la classe, choisissez un des projets imaginés. Puis, par petits groupes, faites une liste d'objections à ce voyage et soumettez-les à un camarade : celui-ci devra improviser une réponse rassurante !

- Vous voulez gravir l'Everest ? Et si vous êtes pris dans une tempête ?
- Ne t'inquiète pas, si nous sommes pris dans une tempête, nous nous abriterons...
- Et si vous avez le mal des montagnes ?
- Dans ce cas, nous redescendrons aussitôt...

Avec des verbes aux temps composés
Au passé composé et au plus-que-parfait, l'ordre des pronoms reste le même. Ils se placent avant l'auxiliaire.

▶ Au passé composé :
J'ai donné la montre à Pierre.
Je l'ai donnée à Pierre.
Je lui ai donné la montre.
Je la lui ai donnée.

▶ Au plus-que-parfait :
J'avais donné la montre à Pierre.
Je l'avais donnée à Pierre.
Je lui avais donné la montre.
Je la lui avais donnée.

Attention !
Le participe passé s'accorde avec le pronom COD placé avant.

Je la lui ai dite.

L'EXPRESSION DE L'HYPOTHÈSE (1)

▶ **Si** + présent / futur.
- *Si l'un de vous tombe malade ?*
- *Si l'un de nous tombe malade, l'autre le soignera.*

▶ **Si** + imparfait / conditionnel présent.
- *Si vous gagniez beaucoup d'argent à la loterie, qu'est-ce que vous feriez ?*
- *Je ferais le tour du monde.*

9. RÈGLES ET USAGES

A. Regardez la photo : à votre avis, le comportement du candidat est-il adéquat ? Pourquoi ?

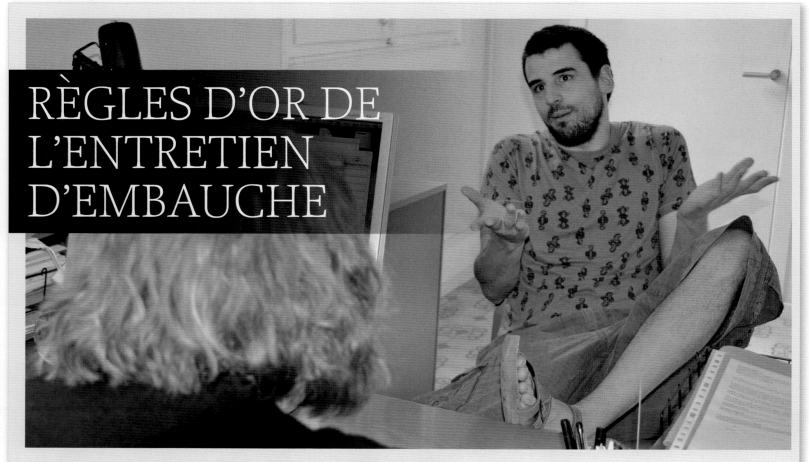

RÈGLES D'OR DE L'ENTRETIEN D'EMBAUCHE

Tous les conseils pour réussir l'étape finale de votre recherche d'emploi : l'entretien d'embauche

Vous êtes jeune diplômé et vous allez vous présenter à votre premier entretien d'embauche ? Vous êtes étranger et vous cherchez du travail en France ? Voici les règles d'or de l'entretien d'embauche :

- Soignez votre apparence, soyez poli et souriant. Sachez que la première impression que vous produirez sera déterminante.
- Montrez-vous sûr de vous, mais sans être arrogant.
- Faites attention à votre attitude, à votre gestuelle et à vos mimiques.
- N'oubliez pas de regarder votre interlocuteur ! En effet, selon certaines études, 90% de la communication passe par le langage non-verbal !

À ÉVITER
- Manquer de ponctualité.
- Négliger votre aspect vestimentaire.
- Vous approcher à moins de 90 centimètres de votre interlocuteur.
- Serrer mollement la main de votre interlocuteur (votre poignée de main doit être ferme).
- Prendre l'initiative de vous asseoir : attendez que votre interlocuteur vous y invite.
- Fuir le regard de votre interlocuteur. Regardez-le dans les yeux, sans le fixer cependant.
- Lui proposer de vous tutoyer.

B. Lisez le texte et vérifiez vos réponses à la question **A**.

C. Est-ce que vous connaissez d'autres règles ? Rédigez-les.

- *Dans mon pays, on ne doit pas serrer la main de son interlocuteur.*

10. NOUVEAUX MÉTIERS

A. Lisez cet article. Avez-vous déjà entendu parler de ces nouveaux métiers ? Connaissez-vous d'autres exemples ?

DES MÉTIERS À LA MODE

Aujourd'hui, la crise touche tous les secteurs et il faut beaucoup d'astuce pour se tirer d'affaire et continuer à proposer des services qui restent compétitifs. Or, à l'heure où le « free lance » semble se généraliser, certains jeunes entrepreneurs ont fait le choix de l'originalité et se sont lancés à la conquête d'un marché qu'ils contribuent à créer et enrichir. Voici quelques exemples de ces nouveaux métiers qui fleurissent sur Internet.

« COMMUNITY MANAGER »
Extrêmement sociable et doté d'un réseau de relations important, il communique sur l'image de marque de son entreprise au moyen des réseaux sociaux qu'il maîtrise parfaitement.

CONSULTANT EN PHILANTHROPIE
Doté d'un solide esprit d'analyse et d'un goût pour les bonnes actions, il permet aux entreprises de renforcer leur lien social en prouvant leur solidarité par des actions sociales.

B. Voici d'autres métiers, imaginaires et farfelus. Pouvez-vous en écrire la description ? Quelles seraient les qualités requises pour les exercer ?

1. Psychologue pour plantes vertes :

....

....

2. Gardien de nains de jardin :

....

....

3. Préparateur physique pour tortues de course :

....

....

4. Contrôleur aérien pour oiseaux migrateurs :

....

....

C. À vous d'inventer un nouveau métier. Par groupes de trois, il vous faudra trouver un nom, un ensemble de fonctions et des qualités pour pouvoir l'exercer. Remplissez le tableau.

Nom du métier	
Description des fonctions	
Qualités requises	

D. Maintenant, chaque groupe doit élaborer un portrait chinois pour préparer un entretien d'embauche adapté au métier qu'il aura inventé.

Si vous étiez un animal, seriez-vous... ?

E. Chaque personne du groupe va faire passer le test à une autre personne, sans lui dire de quel métier il s'agit. Choisissez votre candidat idéal et partagez vos conclusions avec la classe.

 Découvrez les activités 2.0 sur rond-point.emdl.fr

Le travail et ses lois

Tout au long du vingtième siècle, de grandes lois sociales ont rythmé l'histoire des Français au travail. En 1906, le repos dominical est imposé et en 1919 on passe à la journée de huit heures et à la semaine de quarante-huit heures. Mais l'année qui restera gravée dans la mémoire collective est associée au Front populaire. C'est en effet en 1936, sous le gouvernement de Léon Blum, que deux lois sociales instaurent la semaine de quarante heures et le droit pour tous les salariés à douze jours de congés payés par an.

À partir de 1982, on assiste à une augmentation du temps libre et le droit aux loisirs s'impose au même titre que le droit au travail. Cependant, de nombreux Français s'interrogent sur cette évolution, car ils ont le sentiment que le niveau de stress au travail a, lui aussi, augmenté. Par ailleurs, pour beaucoup, le travail est un moyen de donner un sens à leur vie et ils se demandent si le travail n'a pas été dévalorisé au profit des loisirs.

Les 35 heures... une loi aux effets controversés

L'an 2000 est marqué par l'application de la loi sur la réduction du temps de travail, appelée populairement « RTT » : elle rend possible la mise en place de la semaine des trente-cinq heures. Cependant, cette loi reste controversée. Selon un sondage publié dans le quotidien régional *Sud Ouest* (édition du 8 janvier 2011), si 28 % des Français concernés pensent qu'elle a diminué la qualité de leur vie quotidienne (augmentation de la pression sur les salariés tant au niveau de la productivité que de la flexibilité), 52 % d'entre eux se déclarent contre la suppression des trente-cinq heures, même si cette loi n'a pas tenu ses promesses en matière de création d'emplois.

▲ Grève pour les 8 heures de travail par jour en France (1906)

Depuis quelques années, des lois viennent assouplir les trente-cinq heures : en 2007 notamment, une loi défiscalise les heures supplémentaires, encourageant ainsi les entreprises à en proposer davantage. L'instauration, en 2004, de la Journée de solidarité (journée travaillée mais non payée, au profit d'actions d'aide aux personnes âgées) après la canicule de 2003, est souvent perçue comme une concession faite à l'augmentation du temps de travail.

Finalement, si la RTT était à l'origine motivée par des considérations humanistes (travailler moins pour profiter plus de sa vie) et économiques (lutter contre le chômage en répartissant mieux le travail), elle semble avoir eu du mal à résister aux impératifs de croissance et de compétition imposés par une économie mondialisée.

1906	Obligation du repos dominical
1919	Passage à la journée de 8 heures et à la semaine de 48 heures
1936	Droit à 2 semaines de congés payés
1956	Droit à une 3e semaine de congés payés
1982	Droit à une 5e semaine de congés payés, à la semaine de 39 heures et à la retraite à 60 ans
2000	Application de la loi sur les 35 heures par semaine
2004	Suppression du Lundi de Pentecôte, qui devient la Journée de la solidarité
2007	Défiscalisation des heures supplémentaires (loi TEPA)

▲ Manifestation pour une retraite solidaire et la défense des 35 h (2008)

11. POUR OU CONTRE ?

Selon le texte, quels sont les arguments en faveur des 35 heures ? Les arguments contre ? Et vous, qu'en pensez-vous ? Discutez-en entre vous.

12. UNE SEMAINE, ÇA DURE COMBIEN DE TEMPS ?

Combien d'heures travaille-t-on par semaine dans votre pays ? Y a-t-il un débat sur le temps de travail ? Quelles seraient les réactions de vos compatriotes si une loi y réduisait la durée du travail hebdomadaire ?

Nous allons raconter des anecdotes personnelles et choisir la meilleure de la classe.

1. SOUVENIRS

A. Regardez ces photos de l'album de Jean-Paul et retrouvez leur titre.

○ Réveillon 2004 déguisé !

○ Pâques chez papy Alphonse

○ Soirée VIP avec l'amour de ma vie !

○ En prison, content d'avoir un copain !

○ Un jour je partirai... Moment de nostalgie sur le port.

○ Inséparables à Chamonix.

B. Écoutez Jean-Paul commenter ses photos et remplissez le tableau.

Piste 14

	Avec qui ?	Quand / À quel âge ?	Où ?
A			
B			
C			
D			
E			
F			

2. SURPRISES, SURPRISES !

A. Lisez ce blog d'anecdotes. Pour chacune d'entre elles, proposez un titre.

`http://cestcommecalavie.blog.nrp/`

C'est comme ça, la vie

Quand Mat, mon meilleur ami, s'est marié, c'était en 2002. Avec d'autres amis, on avait décidé de lui faire une surprise pour son enterrement de vie de garçon. On a donc invité un groupe de musique pour faire la fête et on a loué une salle. Malheureusement, quand Mat est entré et a vu la chanteuse, il y a eu un silence glacial : c'était son ancienne copine, que je ne connaissais pas ! ☞ Publié par **Antoine**, lundi 26 octobre

Je me souviens, quand j'avais 16 ans, on avait fait le pari avec deux amies de passer une nuit entière dans une tente, dans la forêt. À l'époque, j'habitais avec mes parents dans une maison près d'un bois où, selon une légende, il y avait des créatures mystérieuses. Nous avions toutes les trois très peur, mais on a fini par se décider et nous nous sommes retrouvées en pleine nuit dans cette tente, entourées de bruits inconnus. Soudain quelque chose est venu frapper la toile de la tente. Nous nous sommes mises à hurler et dehors on a entendu un rire que je connaissais bien : celui de mon père qui était venu voir si tout allait bien.

☞ Publié par **Lou**, lundi 26 octobre

Un jour, ça doit faire à peu près trois ans de ça, je me suis réveillé en retard pour aller à la fac. J'avais passé la nuit à réviser pour mon examen et le matin je n'avais pas entendu le réveil. Je me suis donc précipité sous la douche, j'ai sauté dans des vêtements et je suis sorti de chez moi... en pantoufles et sans mes clés. J'ai oublié de préciser que c'était en décembre, qu'il faisait -2 degrés et que j'habitais seul.

☞ Publié par **Vincent**, lundi 26 octobre

Moi, une fois, j'étais dans un bar avec des amis et je parlais de mon patron qui à cette époque me persécutait. Il me pourrissait la vie, je le détestais. Je racontais tout ce que je pensais de lui, de l'entreprise, de mon travail, en parlant un peu fort et au bout d'un moment je me suis rendu compte que mes amis étaient très gênés. Je me suis retournée et devinez qui j'ai vu à la table d'à côté ?

☞ Publié par **Sabine**, lundi 26 octobre

B. Lisez ces commentaires d'autres blogueurs. À quelle anecdote correspondent-ils ?

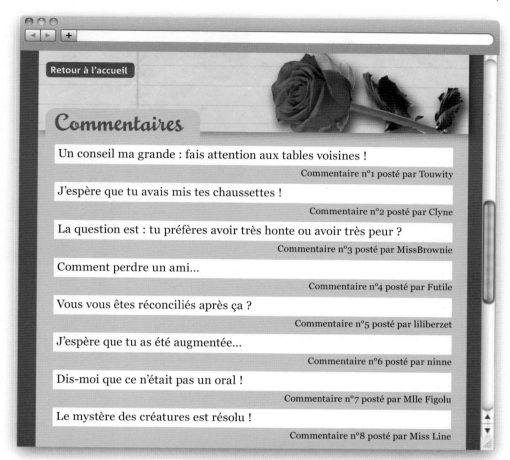

Commentaires

Un conseil ma grande : fais attention aux tables voisines !

Commentaire n°1 posté par Touwity

J'espère que tu avais mis tes chaussettes !

Commentaire n°2 posté par Clyne

La question est : tu préfères avoir très honte ou avoir très peur ?

Commentaire n°3 posté par MissBrownie

Comment perdre un ami...

Commentaire n°4 posté par Futile

Vous vous êtes réconciliés après ça ?

Commentaire n°5 posté par liliberzet

J'espère que tu as été augmentée...

Commentaire n°6 posté par ninne

Dis-moi que ce n'était pas un oral !

Commentaire n°7 posté par Mlle Figolu

Le mystère des créatures est résolu !

Commentaire n°8 posté par Miss Line

Commentaire nº	Anecdote publiée par
1	
2	
3	
4	
5	
6	
7	
8	

vos stratégies ⊗

Pour comprendre les commentaires des internautes (et plus généralement pour comprendre des commentaires sur des textes), soyez attentifs au vocabulaire employé et à l'accord des adjectifs et des participes passés. Ils vous donnent des informations précieuses !

C. Écrivez à votre tour un commentaire pour chaque anecdote.

3. FAITS DIVERS

A. Ces titres de nouvelles sont parus dans la rubrique « faits divers » de journaux. À votre avis, sont-elles vraies ou fausses ? Discutez-en avec un camarade.

A Deux enfants retrouvés seuls dans une station service sur l'autoroute du Sud : la chaleur et le stress <u>avaient pertubé</u> leur père qui faisait le plein d'essence.

C Quand Internet déraille : un paysan bouthanais accusé hier d'avoir piraté des dossiers de la CIA.

E Joconde agressée jeudi au Louvre : l'accusé évoque un crime passionnel.

B DEUX CAMBRIOLEURS ARRÊTÉS GRÂCE AUX TÉLÉPHONES PORTABLES QU'<u>ILS AVAIENT VOLÉS</u> : <u>ILS N'AVAIENT PAS PU S'EMPÊCHER DE LES UTILISER.</u>

D Envoyées durant la première guerre mondiale, des lettres arrivent enfin à destination !

F OVNIS : pour la deuxième fois en trois mois, rencontres du troisième type à Cluzet.

B. Écoutez les flashs d'informations à la radio et vérifiez vos réponses.

Piste 15

C. Lisez à nouveau les titres : un nouveau temps est souligné. À quoi sert-il ? Comment est-il construit ? Faites des hypothèses et parlez-en avec votre professeur.

4. LA PREMIÈRE FOIS

A. Racontez à un camarade la première fois que vous...

- ▶ avez fait du vélo.
- ▶ avez participé à un spectacle.
- ▶ avez conduit une voiture.
- ▶ êtes allé à l'école.

- ▶ avez pris l'avion.
- ▶ avez passé un entretien important.
- ▶ êtes allé à un concert.
- ▶ ...

- ● *La première fois que j'ai pris l'avion, j'avais 12 ans. C'était pour les vacances d'été...*

B. Quand avez-vous fait ces actions pour la dernière fois ?

5. À LA UNE

Par deux, lancez un dé deux fois de suite. Chaque chiffre obtenu correspond à une moitié de titre de journal de chaque colonne. Rédigez l'article correspondant au titre formé.

1 La célèbre voyante Madame Soleil

2 Un homme arrêté plusieurs fois pour infraction au Code de la route

3 Le maire de la plus petite commune française

4 Un professeur de chimie à la retraite

5 Un groupe d'élèves d'une classe de français

6 Astérix

1 a décidé de participer au prochain Tour de France.

2 vient de publier sa biographie.

3 a été kidnappé(e).

4 a été proposé(e) pour le prix Nobel de la paix.

5 est tombé(e) d'un train en marche.

6 a gagné 200 millions d'euros au Loto.

LE PLUS-QUE-PARFAIT

Le plus-que-parfait se construit avec l'auxiliaire **être** ou **avoir** à l'imparfait suivi du participe passé.

DORMIR		
je / j'	avais	
tu	avais	
il / elle / on	avait	dormi
nous	avions	
vous	aviez	
ils / elles	avaient	

Quand un verbe est conjugué avec l'auxiliaire **être**, il s'accorde en genre et en nombre avec le sujet.

*Cette année, Claire et Lulu sont part**ies** en Italie. L'été dernier, elles étaient all**ées** en Allemagne.*

RACONTER UN SOUVENIR, UNE ANECDOTE

On peut raconter une histoire sous la forme d'une succession d'événements au passé composé.

Il a fait ses valises, il est allé à l'aéroport...

On explique alors les circonstances qui entourent un événement au moyen de l'imparfait.

Il est parti en vacances. Il était très fatigué et avait très envie de se reposer sans penser au travail.

On utilise le plus-que-parfait pour parler des circonstances qui précèdent l'événement.

Il était très fatigué parce qu'il avait passé quelques mois très difficiles, alors il a décidé de partir en vacances.

6. PAROLES ET PAROLES

Piste 16

A. Écoutez trois personnes raconter un début d'anecdote. Comment pensez-vous que ces histoires finissent ?

Piste 17

B. Écoutez et vérifiez vos réponses.

7. GRANDS ÉVÉNEMENTS

A. Associez les deux parties des phrases ci-dessous pour reconstituer des événements historiques marquants.

1 La bataille de Waterloo a été gagnée par...	**A** les révolutionnaires français le 21 janvier 1793.			
2 La guillotine a été inventée par...	**B** Georges Bizet en 1875.			
3 Le vaccin contre la rage a été découvert par...	**C** les frères Lumière en 1895.			
4 *La Joconde* a été acquise par...	**D** Henri Becquerel en 1896.			
5 La tour Eiffel a été construite par...	**E** Claude Monet en 1926.			
6 Louis XVI a été guillotiné par...	**F** le musée du Louvre en 1798.			
7 La bataille de Waterloo a été perdue par...	**G** Gustave Eiffel au dix-neuvième siècle.			
8 La Gaule a été conquise par...	**H** Louis Pasteur en 1885.			
9 *Carmen* a été composé par...	**I** le duc de Wellington le 18 juin 1815.			
10 La radioactivité a été découverte par...	**J** Napoléon Bonaparte le 18 juin 1815.			
11 Le cinéma a été inventé par...	**K** Jules César au premier siècle avant Jésus-Christ.			
12 *Les Nymphéas* ont été peints par...	**L** Joseph Ignace Guillotin au dix-huitième siècle.			

B. Observez comment ces phrases sont construites. Ensuite, par groupes, écrivez-en d'autres sur l'histoire de votre pays.

SITUER DANS LE TEMPS (3)

L'autre jour, je suis allée à la plage avec des amis.

Il y a environ un mois, je suis allé au restaurant avec Yves.

Il a rencontré sa femme un vendredi 13. Ce jour-là, il y avait eu une grosse tempête.

À cette époque-là, j'habitais dans le centre-ville.

Ils se sont mariés en 2001 et, au bout de quelques années, Charline est née.

La police a arrêté jeudi un homme qui, quelques jours auparavant, avait cambriolé la bijouterie de la place Clichy.

J'étais en train de regarder la télé quand tout à coup la lumière s'est éteinte.

LA VOIX PASSIVE

La voix passive se construit avec **être** + participe passé. Le temps verbal est indiqué par l'auxiliaire **être** et le participe s'accorde en genre et en nombre avec le sujet.

L'aéroport sera dessiné par Jean Nouvel.
L'église a été dessinée par un grand architecte.
Les ponts sont dessinés par des ingénieurs.

8. HISTOIRES LITTÉRAIRES

A. Lisez ces anecdotes sur des écrivains célèbres parues dans une revue littéraire. Laquelle préférez-vous ?

Facéties d'écrivain

Loin de l'image austère qu'ils ont parfois auprès de leurs lecteurs, les écrivains sont aussi (et surtout !) des personnes qui aiment s'amuser. Voici quelques anecdotes à propos de trois d'entre eux.

On raconte que Rabelais, descendu à Lyon et n'ayant pas assez d'argent pour rentrer à Paris, avait pensé à une solution originale pour rentrer chez lui : il avait laissé dans sa chambre des petits sachets de sucre bien en évidence avec une étiquette : « Poison pour le Roi ». Bien entendu, il a très vite été arrêté et ramené dans la capitale… gratuitement. On dit que le Roi a beaucoup ri en apprenant le stratagème de l'écrivain.

On dit qu'un jour de 1839, le petit Jules Verne, alors âgé de 11 ans, est introuvable. Son père, affolé à l'idée que son fils se soit noyé, court vers le port de Nantes… et retrouve le petit Jules dans un bateau sur le point de partir pour les Indes. Le futur auteur du *Tour du monde en 80 jours* avait voulu embarquer pour ramener à sa cousine, dont il était tombé amoureux, un collier de corail.

Alexandre Dumas avait eu l'idée de représenter ses personnages par une petite figurine qu'il plaçait sur une étagère : quand le personnage mourait, Dumas la jetait à la poubelle. Or, un jour, il reçoit des plaintes de lecteurs : des personnages morts étaient ressuscités. Sa nouvelle femme de chambre, pensant que les figurines étaient tombées accidentellement dans la poubelle, les avait remises sur l'étagère !

B. Connaissez-vous d'autres anecdotes sur des écrivains ou d'autres personnages célèbres ? Partagez-les avec la classe.

9. ÇA VOUS EST DÉJÀ ARRIVÉ ?

A. Individuellement, choisissez deux ou trois de ces thèmes, et précisez quelques détails importants des histoires correspondantes. Bien sûr, vous pouvez inventer !

▶ Une personne célèbre que j'ai rencontrée.
▶ Un lieu où je me suis perdu.
▶ Un avion / Un train / Un bus que j'ai raté.
▶ Un plat insolite que j'ai mangé.
▶ Une mauvaise rencontre que j'ai faite.
▶ De l'argent que j'ai perdu.
▶ Un jour où j'ai eu très peur.
▶ Une soirée inoubliable.
▶ Une expérience amusante.
▶ Une expérience embarrassante.
▶ Autre : ...

B. Par groupes de trois, partagez vos histoires. Décidez : laquelle est la plus intéressante ? Est-elle vraie ?

● Je pense que ton histoire est la plus incroyable ! Elle est vraie ?
○ Bien sûr que non, je viens de l'inventer !

C. Rédigez ensemble l'histoire que vous avez choisie. Soyez très précis sur les circonstances parce que vous devrez persuader la classe que vous l'avez vraiment vécue, si ce n'est pas le cas.

D. Faites circuler les textes dans la classe et identifiez quel groupe a écrit chaque histoire.

● À mon avis cette histoire, c'est celle de David, William et Mabintou parce que...

E. Après avoir identifié les auteurs, posez des questions pour vérifier si leur histoire est vraie. Finalement, choisissez la meilleure de la classe.

● Il y a quelques années, en été...
○ Tu avais quel âge ?

Découvrez les activités 2.0
sur rond-point.emdl.fr

BD : un genre pour tous les âges !

Au début du XXᵉ siècle, la bande dessinée était une forme d'expression destinée aux enfants et elle avait souvent un but éducatif. Puis, dans les années 50 et 60, la BD a touché les adolescents, notamment sous l'influence des super-héros américains de Marvel. Aujourd'hui, le public adulte s'est emparé du « neuvième art », même si de nombreuses BD se centrent sur des personnages d'enfants. En effet, ces gamins regardent le monde des « grands » avec des yeux que les adultes n'ont plus, en leur renvoyant des vérités qu'ils ont tendance à oublier. C'est peut-être ce qui explique le succès de ces trois bandes dessinées : *Boule et Bill*, *Cédric* et *Titeuf*.

Boule et Bill

Créé par le dessinateur belge Jean Roba (1930 – 2006) en 1959, la BD met en scène Boule, un petit garçon de sept ans, espiègle et toujours accompagné de son chien Bill. Bill est un cocker anglais qui, bien qu'il ne parle pas directement aux humains, peut exprimer ce qu'il veut grâce à ses oreilles très expressives. La famille de Boule est très présente et correspond à l'idée qu'on peut se faire de la famille traditionnelle : une maman, mère au foyer, jolie et qui fait de bons gâteaux ; un papa joueur et sympathique. Depuis leur création, les albums de *Boule et Bill* se sont vendus à plus de 25 millions d'exemplaires.

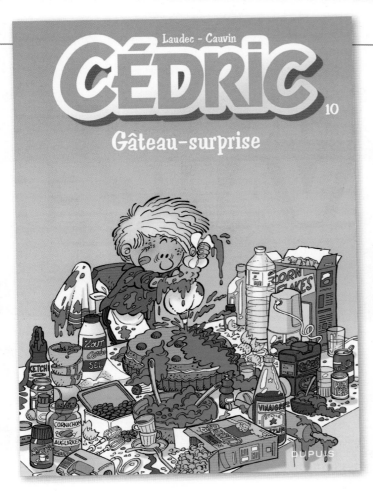

Cédric

Cédric Dupont est né en 1986 et a deux papas : le scénariste Raoul Cauvin et le dessinateur Laudec. Ce gamin français a 8 ans, n'aime pas trop l'école (mais il est secrètement amoureux de son institutrice, Mlle Nelly) et vit avec ses parents et son grand-père maternel. La vie de Cédric change complètement quand Chen, une fillette chinoise, s'inscrit dans sa classe : il en tombe follement amoureux mais n'arrive jamais à le lui dire. Cédric a une relation privilégiée avec son grand-père et c'est souvent grâce à lui qu'il trouve des solutions à ses problèmes. Les 25 tomes de *Cédric* se sont vendus à 8 millions d'exemplaires.

Titeuf

C'est le dessinateur suisse Zep qui invente *Titeuf* en 1992, alors qu'il griffonne quelques souvenirs d'enfance. Titeuf (« petit œuf » : en effet, il n'a pas de cheveux sur la tête, à part une grande mèche blonde) est un gamin de 8 ans et demi, turbulent, très ironique et surtout très direct comme savent l'être les enfants : il a un regard extrêmement dur sur le monde des adultes et un langage réaliste (il invente souvent des expressions à partir d'expressions adultes mal comprises). Amoureux de Nadia, il est aussi assez fasciné par le monde mystérieux du sexe, dont il ne comprend pas toujours les codes. *Titeuf* a rencontré un succès impressionnant avec 20 millions d'albums vendus en 2011.

10. TROIS HÉROS DE PAPIER

A. Connaissez-vous ces trois personnages d'enfants très connus de la bande dessinée francophone ?

B. Aimeriez-vous lire les aventures de ces personnages ? Quels sont ceux qui vous intéressent le plus ? Pourquoi ?

C. Connaissez-vous d'autres personnages d'enfants de bande dessinée ? Présentez-les à la classe.

Île de Bendor

"Cette île m'a passionné, en y construisant un monde en miniature, tout m'était permis, je n'avais à tenir compte que de sa superficie, du ciel et de la mer comme seules limites de mes rêves"* *(Paul Ricard "La passion de créer")*

La Vierge

Neptune

Sainte-Marthe

Vous êtes ici

Nul bien sans peine

Embarcadère

Restaurant

Boutiques

Plage

Toilettes

Sentier

1 Hôtel Restaurant Le Delos
2 Hôtel Le Palais
3 Les voûtes
4 Restaurant Le Grand Large
5 Restaurant La Terrasse de Bendor
6 Centre de Plongée CIP
7 Musée des objets publicitaires Paul-Charles Ricard
8 Petites Villas
9 Théâtre Vincent Scotto
10 Galerie d'Art
11 Restaurant José et Maya
12 Verrerie
13 Musée des Vins et des Spiritueux
14 Club Nautique
15 Soukana
16 Restaurant Daddi et Milou
17 Tennis

Bienvenue à PERNES LES FONTAINES

PERNES LES FONTAINES
LES PLUS BEAUX DETOURS DE FRANCE

VILLE ET MÉTIERS D'ART

Ville Fleurie

Marché Provençal le Samedi Matin
Brocante le Mercredi matin

CAMPING

PERNES LES FONTAINES VILLE D'EUROPE

Terroir de la Cerise

Pernes les Fontaines

Nous allons établir un plan d'action pour redynamiser un village sur le déclin.

Montpellier

1. C'EST OÙ ?

A. D'après ces panneaux, où peut-on trouver…

un endroit bon marché pour dormir ?

des cultures de fruits ?

des activités aquatiques ?

un port ?

une brocante ?

un théâtre ?

une cathédrale ?

un jardin ?

B. Dans un petit village à côté de Montpellier, la mairie a décidé de transformer le manoir en ruines en hôtel de luxe. Écoutez ce micro-trottoir et notez qui est pour et qui est contre.

Piste 18

Interviewé n°	Pour	Contre
1		
2		
3		
4		
5		

C. Et vous, de quelle opinion êtes-vous le plus proche ?

● Moi, je suis plutôt d'accord avec…

2. ÉNERGIES

A. Observez ce document. Quelle forme d'énergie est la plus utilisée ? Est-ce la même chose chez vous ?

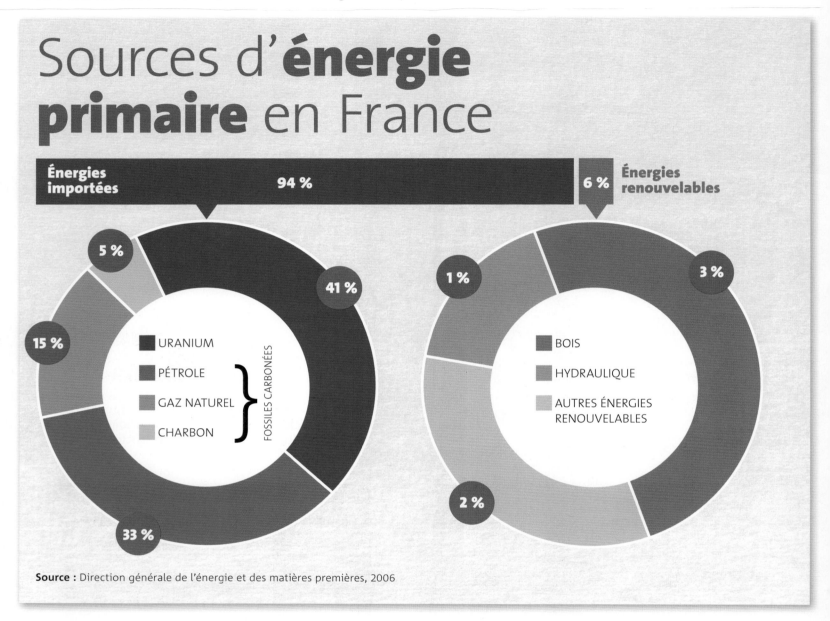

Sources d'**énergie primaire** en France

| Énergies importées | 94 % | 6 % | Énergies renouvelables |

Énergies importées 94 %

5 %
41 %
15 %
33 %

- URANIUM
- PÉTROLE
- GAZ NATUREL
- CHARBON

} FOSSILES CARBONÉES

6 % Énergies renouvelables

1 %
3 %
2 %

- BOIS
- HYDRAULIQUE
- AUTRES ÉNERGIES RENOUVELABLES

Source : Direction générale de l'énergie et des matières premières, 2006

B. Écoutez les déclarations de ces personnes interviewées sur les dangers des énergies traditionnelles et repérez quelles sont leurs inquiétudes.

Piste 19

Interviewé nº	Inquiétude
	Craint qu'on ne sache pas trouver une énergie de substitution.
	A peur que le manque de contrôle sur l'utilisation d'énergies issues de la biomasse entraîne des problèmes insurmontables.
	S'inquiète des risques liés à l'absence d'alternative aux énergies fossiles.
	A peur que la généralisation des barrages ait des conséquences irréversibles sur l'environnement.

C. Et vous, qu'en pensez-vous ?

3. UN MODÈLE DE FERME BIO

Piste 20

A. À Danval, un petit village du Midi, une poignée d'habitants s'est mobilisée pour fonder une ferme bio. Écoutez cet extrait de l'entretien de M. Forhs, promoteur du projet « Danval-Bio » et faites la liste des premières actions réalisées.

1. Ils ont cherché des renseignements sur l'agriculture bio.

2. ...

B. À leur tour, les habitants du village voisin ont décidé de créer une ferme bio. Par deux, révisez leur plan d'action pour qu'il soit réalisable, en cochant les propositions qui vous paraissent pertinentes. Vous pouvez vous inspirer de l'expérience de Danval.

Plan d'action

Situation de départ : Nous avons une agriculture trop fragile ; les jeunes ne restent pas au village, notre population est vieillissante, nous connaissons un taux de chômage élevé, la concurrence des grandes exploitations agricoles traditionnelles est importante.

Objectifs : Il faut absolument que nous atteignions l'autosuffisance énergétique et que nous passions au bio.

Risques : Nous avons peur que des épidémies affectent nos animaux ; que l'endettement auquel nous devrons faire face soit trop important ; que la transition soit trop difficile à gérer et que des partenaires se démotivent.

Actions : Pour atteindre ces objectifs, il est indispensable que...

☐ nous fassions des stages de gestion de ferme dans un écocentre ;

☐ nous invitions les responsables de Danval à venir présenter leur projet ;

☐ nous installions des panneaux solaires sur le toit de la ferme ;

☐ nous construisions un système d'irrigation économe et efficace ;

☐ nous fassions un emprunt collectif ;

☐ nous contractions une assurance immobilière adaptée à nos besoins ;

☐ nous agrandissions le domaine ;

☐ nous achetions du matériel non polluant.

C. Partagez vos réponses avec la classe : êtes-vous d'accord sur les actions à mener ? Dans quel ordre ces actions devraient-elles être réalisées ?

4. PROBLÈMES ET SOLUTIONS

Franck a passé une très mauvaise journée. Il écrit un courriel à un ami pour lui raconter ses malheurs. Imaginez la réponse de son ami, qui lui donne des conseils.

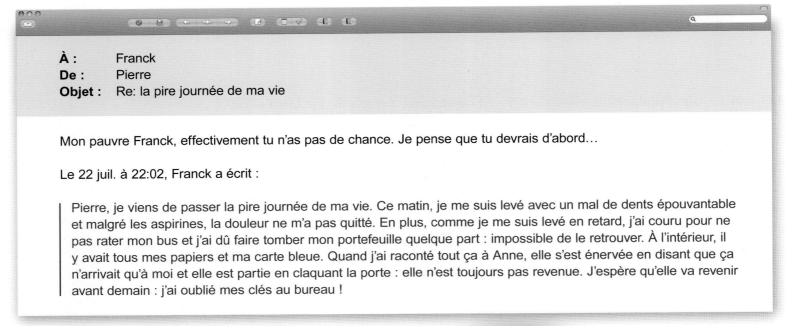

À : Franck
De : Pierre
Objet : Re: la pire journée de ma vie

Mon pauvre Franck, effectivement tu n'as pas de chance. Je pense que tu devrais d'abord...

Le 22 juil. à 22:02, Franck a écrit :

Pierre, je viens de passer la pire journée de ma vie. Ce matin, je me suis levé avec un mal de dents épouvantable et malgré les aspirines, la douleur ne m'a pas quitté. En plus, comme je me suis levé en retard, j'ai couru pour ne pas rater mon bus et j'ai dû faire tomber mon portefeuille quelque part : impossible de le retrouver. À l'intérieur, il y avait tous mes papiers et ma carte bleue. Quand j'ai raconté tout ça à Anne, elle s'est énervée en disant que ça n'arrivait qu'à moi et elle est partie en claquant la porte : elle n'est toujours pas revenue. J'espère qu'elle va revenir avant demain : j'ai oublié mes clés au bureau !

5. GÉOGRAPHIE

A. Vous devez aménager cette île pour qu'elle puisse accueillir des touristes : par deux, mettez-vous d'accord sur cinq aménagements à réaliser.

- Au pied de la montagne, je propose de construire...

B. Par deux, rédigez un petit texte avec vos propositions.

LE PRONOM EN

Le pronom **en** remplace :
▶ Un lieu introduit par **de** :
- *Tu viens **de** Marseille ?*
- *Oui, j'**en** viens.*

▶ Un COD introduit par un article indéfini (**un, une, des**) ou un partitif (**du, de la, des**) :
- *Est-ce que tu as **de** l'argent sur toi ?*
- *Oui, j'**en** ai un peu.*

▶ Un adjectif construit avec **de** :
- *Tu es fier **de** ton nouveau travail ?*
- *Oui, j'**en** suis très fier !*

▶ Un verbe construit avec **de** :
- *Tu as parlé **de** ton problème à ton directeur ?*
- *Non, je n'ai pas encore eu le temps d'**en** parler.*

Attention !
Quand le COD est une personne, on ne peut pas le remplacer par **en** :
- *Qui s'occupe du bébé, ce soir ?*
- *C'est Laurence qui s'occupe de lui.*

SITUER DANS L'ESPACE (2)

	en Belgique / en Uruguay.
	au Mexique.
	à Lyon / à Tahiti.
	dans les Pyrénées.
C'est...	sur les bords de la Loire.
	au fond d'une vallée.
	sur les flancs de la montagne.
	au nord de / au sud de / à l'est de...
	à côté de / près de.

6. FORUM

A. À la suite d'un débat autour de la décision du maire d'interdire les voitures dans le centre-ville de Trévolles (500 000 habitants), les internautes laissent leurs messages sur un forum. De quelle opinion êtes-vous le plus proche ?

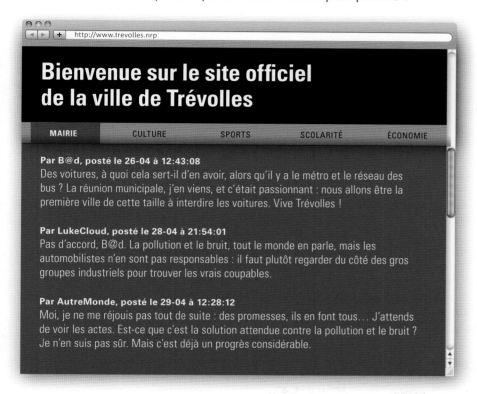

Bienvenue sur le site officiel de la ville de Trévolles

| MAIRIE | CULTURE | SPORTS | SCOLARITÉ | ÉCONOMIE |

Par B@d, posté le 26-04 à 12:43:08
Des voitures, à quoi cela sert-il d'en avoir, alors qu'il y a le métro et le réseau des bus ? La réunion municipale, j'en viens, et c'était passionnant : nous allons être la première ville de cette taille à interdire les voitures. Vive Trévolles !

Par LukeCloud, posté le 28-04 à 21:54:01
Pas d'accord, B@d. La pollution et le bruit, tout le monde en parle, mais les automobilistes n'en sont pas responsables : il faut plutôt regarder du côté des gros groupes industriels pour trouver les vrais coupables.

Par AutreMonde, posté le 29-04 à 12:28:12
Moi, je ne me réjouis pas tout de suite : des promesses, ils en font tous… J'attends de voir les actes. Est-ce que c'est la solution attendue contre la pollution et le bruit ? Je n'en suis pas sûr. Mais c'est déjà un progrès considérable.

B. Observez les expressions avec **en** et classez-les.

En remplace	Expression correspondante
un lieu introduit par **de**	
un COD introduit par un article indéfini	
un verbe construit avec **de**	
un adjectif construit avec **de**	

7. PROPHÉTIES

A. Lisez ces prophéties de Vostradamus et classez-les de la plus probable à la plus improbable.

LES PROPHÉTIES DE VOSTRADAMUS

a. ☐ Il n'y aura plus de pétrole dans 40 ans.

b. ☐ Bientôt Internet s'effondrera.

c. ☐ Les pays de l'hémisphère sud n'auront plus assez d'eau potable.

d. ☐ Un jour, on pourra vivre sur Mars.

e. ☐ La terre atteindra les 10 milliards d'habitants en 2020.

f. ☐ La téléportation sera possible avant l'an 2100.

B. À deux, comparez vos opinions et mettez-vous d'accord pour compléter cette déclaration.

> Nous pensons que la prophétie la plus crédible est la « b » parce qu'il est très probable que…
> Par contre, la moins crédible est… parce qu'il est très improbable que…

SITUER DANS LE TEMPS (4)

Dans + durée indique un repère dans le futur.
Dans 10 jours, ils partiront pour La Réunion.

VERBES DE SENTIMENT + SUBJONCTIF (1)

J'ai peur que…	
Je crains que…	+ subjonctif
Je redoute que…	
Ça m'étonne que…	

L'OBLIGATION / LA RECOMMANDATION

Il faut	+ infinitif
On devrait	
Il faudrait que…	
C'est important que…	+ subjonctif
Il serait nécessaire que…	

LA POSSIBILITÉ / LA PROBABILITÉ

Il est possible de…	+ infinitif
C'est impossible de…	
Il est possible que…	
Il est probable que…	+ subjonctif
C'est impossible que…	

8. NOUVEAU SOUFFLE

A. Lisez cet article d'un journal régional concernant un village sur le déclin dans les Vosges et individuellement faites une liste des potentialités touristiques de ce lieu.

VILLES ET VILLAGES

St-Just-Le-Moulin, village fantôme

Situé sur les flancs des Vosges, au fond d'une vallée nichée au pied d'une falaise de plus de 200 mètres de haut, sur les rives d'un affluent de la Meuse, le village de St-Just-Le-Moulin se meurt doucement. Exode massif des jeunes, activité économique gelée, natalité nulle, services publics inexistants (voilà quatre ans que l'unique école est fermée, et les services postaux ne sont plus assurés depuis 2003) : l'isolement du village a eu raison de la vie de ce petit morceau perdu de patrimoine français. Seules cinq des quelques 40 maisons de pierre sont encore habitées par quelques habitants de plus de 75 ans ; les autres, bien que toujours debout, se couvrent de mousse en attendant silencieusement de s'effondrer un jour.

Pourtant, ce qui ressemble aujourd'hui à un village fantôme a été, depuis le Moyen Âge et jusqu'au milieu des années 1920, un centre de vie et d'artisanat : pendant toute cette longue période, la forêt qui l'entoure a fourni en bois les agglomérations voisines sur un rayon de plusieurs centaines de kilomètres, et le passage du Vair en faisait une étape importante du commerce fluvial. Une industrie textile s'y était implantée dans les années 1760 et l'artisanat du bois local, notamment la saboterie, était réputé dans la région.

Totalement épargné par les guerres, le village abrite des monuments étonnants : une église romane du XIIe siècle, un moulin à eau imposant et surtout l'ancien fort, très bien conservé, qui du haut de la falaise domine la vallée. Dans les yeux de Jean-Louis, 78 ans, ancien maire, il y a la grande résignation des montagnards : St-Just-Le-Moulin, c'est fini...

Potentialités touristiques

Le moulin...

La forêt...

B. Par petits groupes, formulez des propositions d'exploitation de ces potentialités pour établir un plan d'action.

On pourrait transformer le moulin en musée...

C. Dans chaque groupe, évaluez les risques et faites-en une liste.

J'ai peur que le tourisme détruise l'écosystème de la forêt.

D. Partagez vos listes des actions à mener et des risques, puis mettez-vous d'accord sur une liste commune.

E. Rédigez le plan d'action de la classe. Pour cela, répartissez-vous les différentes parties du plan suivant.

vos stratégies

Pour trouver et proposer des idées d'exploitation des potentialités d'un lieu, mettez en œuvre vos compétences professionnelles ou vos intérêts personnels : votre regard est unique. Architecture, tourisme, éducation... le champ d'action est vaste !

 Découvrez les activités 2.0 sur rond-point.emdl.fr

Plan d'action

Situation de départ :

Objectif :

Risques :

Actions :

9. LE BIO EN CHIFFRES

A. Ces documents correspondent-ils à l'image que vous aviez de la place du bio en France ?
Discutez-en avec vos camarades.

Les chiffres du bio en France : des disparités territoriales importantes, mais une évolution globale nette

En 2008, la surface totale en production biologique atteint 584 000 hectares en France, progressant ainsi de 5 % par rapport à 2007. Cette surface représente désormais 2,1 % de la surface agricole utilisée (SAU). Cela constitue une reprise, après trois ans de relative stagnation.

La région des Pays de la Loire perd, de peu, sa première place nationale en termes de surface en production biologique (surfaces certifiées et surfaces en conversion) au profit de la région Midi-Pyrénées, dont les surfaces se développent plus rapidement (+ 6,9 % contre + 3,7 % en Pays de la Loire). Dans la région, 65 900 hectares de terres agricoles sont cultivés selon ce mode de production plus respectueux de l'environnement.

Cela représente 3,1 % de la SAU. Les disparités territoriales sont importantes avec des taux de SAU en bio qui varient du simple au triple d'un département à l'autre. La Loire-Atlantique se distingue, avec une part de surface en agriculture biologique égale à 5,8 % de la SAU, proche de l'objectif de 6 % fixé par le ministre de l'Agriculture.

[...] Deux facteurs expliquent le nouveau décollage de la production bio. Avant tout, le marché de l'alimentation bio est structurellement en augmentation avec une croissance moyenne annuelle de l'ordre de 10 % par an de 1999 à 2005 tous produits confondus. Depuis 2006, la croissance de la consommation s'accélère et la progression culmine à 25 % en 2008 par rapport à 2007. Le marché de la restauration collective est également très dynamique dans ce domaine, puisqu'un tiers de ces restaurants sert des aliments « bio » au moins de temps en temps. D'autre part, la remise en place en 2007 des mesures d'aide à la conversion en agriculture biologique, dans la continuité des programmes existants, a un effet incitatif sur les candidats potentiels. Les premières informations relatives à 2009 laissent entrevoir une forte accélération des conversions à l'agriculture biologique en France comme dans les Pays de la Loire : l'accroissement des surfaces en agriculture bio devrait donc s'intensifier.

Source : INSEE 2008

Évolution des superficies et du nombre d'exploitations en mode de production biologique

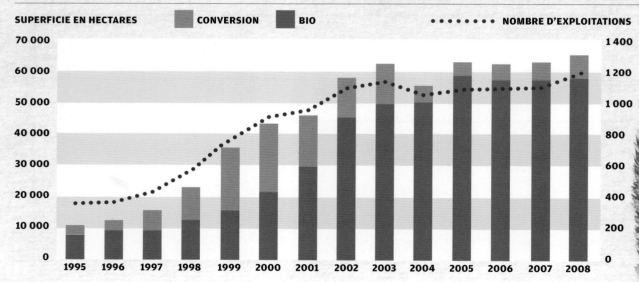

B. Qu'est-ce qui a causé la progression récente de la production bio ?
Observez-vous le même phénomène dans votre pays ?

10. NANTES, VILLE VERTE 2013

A. Observez le document ci-dessous et dites ce que signifie pour vous l'expression
« capitale verte ».

http://www.terraeco.net

Terraeco.net

ACCUEIL   ACTUALITÉ   ÉNERGIE   MOBILITÉS   TECHNO   AGENDA

Nantes capitale verte de l'Europe en 2013

**Points forts de la métropole nantaise pour décrocher ce titre :
sa politique de transport et son plan climat.**

Après Stockholm en 2010 et Hambourg pour 2011, ce sont donc les
villes de Vitoria-Gasteiz (pays basque espagnol) et de Nantes qui ont
été désignées jeudi 21 octobre Capitales vertes de l'Europe pour 2012 et
2013. Ce titre est attribué chaque année par l'Union Européenne et un
jury d'experts à des villes qui remplissent des objectifs « ambitieux »
en matière d'environnement et de développement durable.

« Nous avons eu les deux meilleures notes du jury pour l'ensemble
de notre politique de transport (15/15) et pour notre plan climat
(14,5/15) », se réjouit Ronan Dantec, vice-président de Nantes
Métropole et porte-parole des réseaux mondiaux de collectivités
locales dans la négociation internationale sur le climat. Cette année,
la métropole nantaise s'est par exemple illustrée en lançant un
« Atelier Climat » impliquant 150 ménages de l'agglomération, prêts à
jouer les « cobayes » pendant un an pour partager leur expérience et
leur engagement quotidien contre le changement climatique.

Ce titre « va être pour nous un point d'appui pour poursuivre notre
action, pour que les villes soient reconnues comme acteurs dans
les négociations climatiques », s'est félicité, auprès de l'agence de
presse AFP, Jean-Marc Ayrault, député-maire de Nantes, à quelques
semaines du prochain sommet sur le climat à Cancún.

Hasard du calendrier, c'est aussi en 2013 que devraient démarrer près
de Nantes les travaux du futur aéroport du grand ouest, dont les crédits
viennent d'être votés par la ville. Et qui reste la bête noire des écologistes.

Source : www.terraeco.net (2010)

B. Faites la liste des arguments qui ont permis à Nantes d'être élue « Ville verte 2013 ».
Êtes-vous d'accord avec ces critères ?

C. Connaissez-vous d'autres « villes vertes » ? Partagez avec la classe vos connaissances
sur leurs initiatives écologiques.

A

Jean Pierre
Online

Emma te demande de lui rendre le livre sur Mai 68. Je ne lui ai pas dit que tu l'avais perdu !

Aïe ! Je dois le racheter la semaine prochaine. Merci en tout cas, je te dois un bisou !

B

SOPHIE, JE T'AIME ! REVIENS ! ÉCOUTE TON CŒUR, PAS TA COLÈRE.

D

Chéri, finalement j'ai eu l'agence, ils disent qu'ils vont faire visiter l'appartement mardi entre 15 h 00 et 15 h 45. Tu seras là ?

E

Date : 16/04
Heure : 11 h 00
Pour : Mme Dumont
Pendant votre absence : Mme Sauges

☐ a téléphoné
☐ rappellera
☑ pouvez-vous rappeler ?
☐ est passé(e) vous voir
☐ désire un rendez-vous

Message :
Vous avez reçu un appel de votre banque. Il faudrait que vous rappeliez Mme Sauges au 06 43 56 52 78 avant 17 h. Elle dit que c'est urgent.

Reçu par : Sylvie

F

entrenous

Transport amoureux
Vous ai vue dans le métro, ligne 4 : vous étiez magnifique dans votre robe rouge. Appellez-moi je ne dors plus.
Costas : 06 78 00 56 43.

Perdu
Petit chien de race bichon, de couleur noire avec une tache blanche sur le bout du nez. Il s'appelle Dido et porte le tatouage 45568363A dans l'oreille gauche. S'il vous plaî appelez-moi.
Martine 06 23 83 99 21

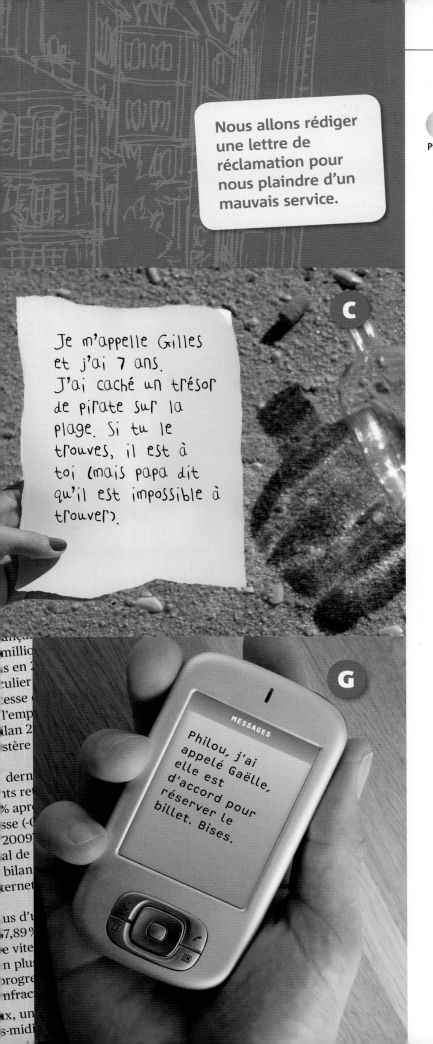

Nous allons rédiger une lettre de réclamation pour nous plaindre d'un mauvais service.

C

Je m'appelle Gilles et j'ai 7 ans. J'ai caché un trésor de pirate sur la plage. Si tu le trouves, il est à toi (mais papa dit qu'il est impossible à trouver).

G

MESSAGES

Philou, j'ai appelé Gaëlle, elle est d'accord pour réserver le billet. Bises.

1. MESSAGES

Piste 21

A. Lisez ces messages, puis écoutez les extraits de conversations téléphoniques : à quels messages se réfèrent-ils ?

Conversation	A	B	C	D	E	F	G
Message nº							

B. Lisez à nouveau les messages et précisez l'objectif de chacun d'eux.

Message nº	Objectif
1	
2	
3	
4	
5	
6	
7	

C. Écoutez à nouveau les conversations téléphoniques : pouvez-vous identifier les interlocuteurs ? Discutez-en en classe et justifiez vos réponses.

● Moi, je pense que la conversation B, c'est un couple.
○ Pourquoi ?

2. RIEN NE VA PLUS !

A. Lisez ce courriel à propos d'une dispute dans un couple. Êtes-vous d'accord avec la décision finale de Corinne ?

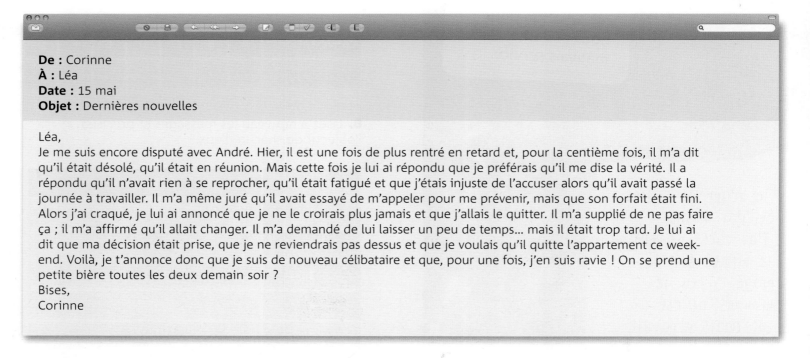

De : Corinne
À : Léa
Date : 15 mai
Objet : Dernières nouvelles

Léa,
Je me suis encore disputé avec André. Hier, il est une fois de plus rentré en retard et, pour la centième fois, il m'a dit qu'il était désolé, qu'il était en réunion. Mais cette fois je lui ai répondu que je préférais qu'il me dise la vérité. Il a répondu qu'il n'avait rien à se reprocher, qu'il était fatigué et que j'étais injuste de l'accuser alors qu'il avait passé la journée à travailler. Il m'a même juré qu'il avait essayé de m'appeler pour me prévenir, mais que son forfait était fini. Alors j'ai craqué, je lui ai annoncé que je ne le croirais plus jamais et que j'allais le quitter. Il m'a supplié de ne pas faire ça ; il m'a affirmé qu'il allait changer. Il m'a demandé de lui laisser un peu de temps... mais il était trop tard. Je lui ai dit que ma décision était prise, que je ne reviendrais pas dessus et que je voulais qu'il quitte l'appartement ce week-end. Voilà, je t'annonce donc que je suis de nouveau célibataire et que, pour une fois, j'en suis ravie ! On se prend une petite bière toutes les deux demain soir ?
Bises,
Corinne

B. Complétez le dialogue entre Corinne et André.

Corinne : Tu sais quelle heure il est ?

André : Je sais, ... suis désolé, j'étais en réunion...

Corinne : Écoute André, je .... que tu me dises la vérité.

André : Mais Corinne, je n' .... rien à .... reprocher ! .... fatigué et je trouve que .... es injuste de m'accuser alors que j'ai passé toute la journée à travailler. Je te jure, j'ai essayé de t'appeler pour te prévenir, mais mon forfait .... fini !

Corinne : Je n'en peux plus, André, je ne te .... plus jamais. Je .... quitte, cette fois c'est fini !

André : Non, Corinne, c'est trop bête, je t'en supplie, ne fais pas ça. Je vais changer, je t'assure, laisse-moi un peu de temps...

Corinne : Ma décision est prise, André, je ne .... pas dessus. Je veux que tu quittes l'appartement d'ici ce week-end.

Piste 22

C. Maintenant, écoutez la conversation réelle entre Corinne et André, et vérifiez vos réponses.

D. Classez dans le tableau ce qui a changé dans le passage du dialogue réel au courriel.

Dans le dialogue, il y avait...	Dans le courriel, cela s'est transformé en...
je suis désolé	
je préfère	
tu me dises	
je n'ai rien à me reprocher	
mon forfait	

3. RÉCLAMATION

A. Lisez la lettre : quel est son objectif ?

B. Remplissez la fiche de réclamation du magasin.

Mathilde Brunier
28 rue de Poitiers
06100 Nice

Électroménagers Experts
17 rue de la Liberté
06300 Nice

Nice, le 7 novembre 2011

Objet : demande de remplacement

Monsieur,

Le 2 novembre dernier, j'ai acheté dans votre magasin, rue Tessier, un de vos produits dont vous faites la publicité sur votre site Internet : il s'agit de l'aspirateur Vivadust345 que vous proposez à 187 euros avec un lot de 15 filtres. Malheureusement, il n'a jamais fonctionné. En outre, les vendeurs ont refusé de le remplacer lorsque je l'ai ramené. Or, j'ai bien lu sur votre site qu'on pouvait rendre tout produit si on n'en était pas satisfait. De plus, lorsque j'ai eu le responsable du service après-vente au téléphone, celui-ci m'a bien précisé que l'appareil défectueux serait remplacé.

Je vous saurai donc gré de bien vouloir donner les consignes nécessaires pour qu'on me remplace ce produit dans les meilleurs délais.

En espérant une intervention rapide de votre part, je vous prie d'agréer mes meilleures salutations.

Mathilde Brunier

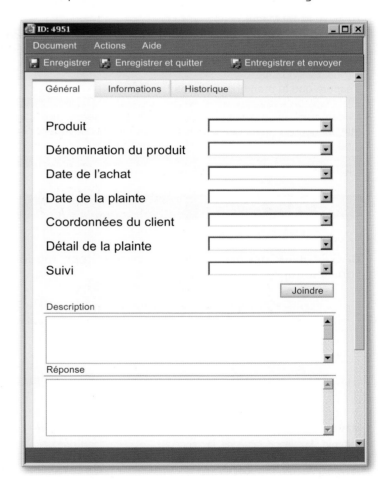

C. Avez-vous déjà eu à écrire ce genre de lettre ? Dans quelles circonstances ? Avez-vous obtenu satisfaction ? Racontez.

4. QU'EST-CE QU'IL DIT ?

A. Henri chatte avec son frère qui voyage en Inde. Il rapporte ses propos à leur mère qui est en train de faire la cuisine. Remplissez les bulles qui se réfèrent aux phrases soulignées.

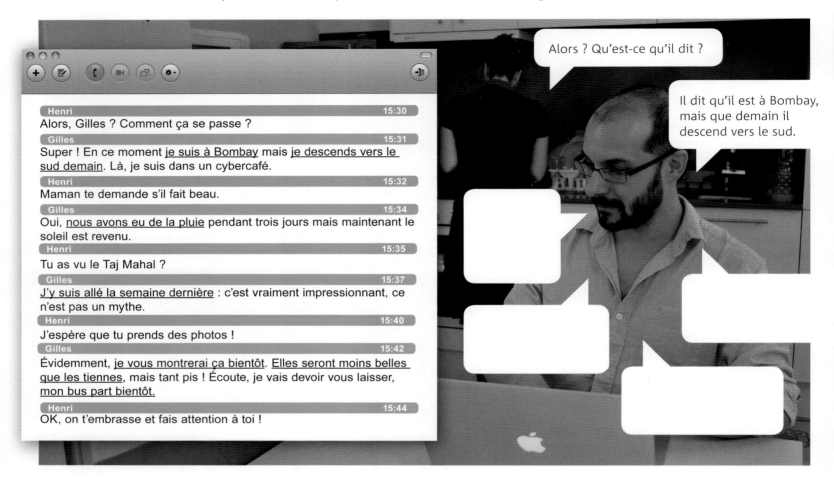

> **Henri** — 15:30
> Alors, Gilles ? Comment ça se passe ?
>
> **Gilles** — 15:31
> Super ! En ce moment <u>je suis à Bombay</u> mais <u>je descends vers le sud demain</u>. Là, je suis dans un cybercafé.
>
> **Henri** — 15:32
> Maman te demande s'il fait beau.
>
> **Gilles** — 15:34
> Oui, <u>nous avons eu de la pluie</u> pendant trois jours mais maintenant le soleil est revenu.
>
> **Henri** — 15:35
> Tu as vu le Taj Mahal ?
>
> **Gilles** — 15:37
> <u>J'y suis allé la semaine dernière</u> : c'est vraiment impressionnant, ce n'est pas un mythe.
>
> **Henri** — 15:40
> J'espère que tu prends des photos !
>
> **Gilles** — 15:42
> Évidemment, <u>je vous montrerai ça bientôt</u>. <u>Elles seront moins belles que les tiennes</u>, mais tant pis ! Écoute, je vais devoir vous laisser, <u>mon bus part bientôt</u>.
>
> **Henri** — 15:44
> OK, on t'embrasse et fais attention à toi !

Alors ? Qu'est-ce qu'il dit ?

Il dit qu'il est à Bombay, mais que demain il descend vers le sud.

B. Gilles n'est pas revenu de son voyage. Henri rapporte à la police leur dernière conversation. Complétez sa déclaration.

La dernière fois que j'ai été en contact avec lui c'était par Internet, il y a plus d'une semaine. Il m'a dit qu'il avait adoré le Taj Mahal, qu'il descendait dans le sud...

LES PRONOMS POSSESSIFS

▶ Un seul objet, un seul possesseur :
Masculin : le mien, le tien, le sien.
Féminin : la mienne, la tienne, la sienne.
▶ Un seul objet, plusieurs possesseurs :
Masculin : le nôtre, le vôtre, le leur.
Féminin : la nôtre, la vôtre, la leur.
▶ Plusieurs objets, un seul possesseur :
Masculin : les miens, les tiens, les siens.
Féminin : les miennes, les tiennes, les siennes.
▶ Plusieurs objets, plusieurs possesseurs :
Masculin ou Féminin : les nôtres, les vôtres, les leurs.

LE CONDITIONNEL PASSÉ

Le conditionnel passé est formé d'un auxiliaire (**avoir** ou **être**) au conditionnel présent, suivi du participe passé du verbe.

FAIRE		
j'	aurais	
tu	aurais	
il / elle / on	aurait	fait
nous	aurions	
vous	auriez	
ils / elles	auraient	

L'EXPRESSION DE L'HYPOTHÈSE (2)

▶ Si + plus-que-parfait / conditionnel passé :
Si j'avais rencontré Pierre ce matin, *je l'aurais averti* que l'ascenseur ne marchait pas.

LES PRONOMS DÉMONSTRATIFS

	SINGULIER	PLURIEL
MASCULIN	celui(-ci/là)	ceux(-ci/là)
FÉMININ	celle(-ci/là)	celles(-ci/là)
NEUTRE	ce / ceci / cela / ça	

5. JOURNÉE CATASTROPHE

A. Observez les dessins. Trouvez les conséquences de ces situations dans le récit de M. Kata à son meilleur ami.

J'ai brûlé mon repas !

Je suis arrivé en retard à mon examen !

J'étais tellement fatigué le lendemain !

Je suis tombé malade !

B. Maintenant, imaginez les reproches que peut lui faire son ami.

● Si tu n'étais pas sorti...

6. UNE HISTOIRE COMPLIQUÉE

Piste 23

A. Écoutez et prenez des notes.

B. Selon vous, qui est la responsable de cette situation qui risque de mal se terminer ?

C. Comparez vos réponses avec un camarade et discutez-en.

LE DISCOURS RAPPORTÉ

Au présent

« Pierre **rentrera** tard. »
Il **dit que** Pierre **rentrera** tard.

« (Est-ce que) Chloé **aime** le poisson ? »
Il **demande si** Chloé **aime** le poisson.

« **Fais** tes devoirs ! »
Il me dit / m'**ordonne de faire** mes devoirs.

Au passé

« Pierre **rentrera** tard. »
Il **a dit que** Pierre **rentrerait** tard.

« (Est-ce que) Chloé **aime** le poisson ? »
Il **a demandé si** Chloé **aimait** le poisson.

« Pourquoi **es-tu parti** si tôt ? »
Il m'**a demandé** pourquoi **j'étais parti** si tôt.

DEMANDER RÉPARATION

Je vous demande de me rembourser ces communications.

Il demande que le produit défectueux **soit** remplacé.

Je vous somme de retirer la publicité dans les plus brefs délais.

Je vous prie de bien vouloir intervenir et de mettre fin à cette situation.

7. OFFRE EXCEPTIONNELLE !

A. Écoutez cette publicité radiophonique. De quel produit s'agit-il ? Quelles sont les caractéristiques de l'offre ?

Piste 24

B. Ce produit intéresse Jules et il décide de regarder le site Internet. Quelles nouvelles informations propose le site ? Quelles sont les différences entre les caractéristiques annoncées à la radio et celles indiquées sur Internet ?

http://www.achatsenligne.nrp

ACHATS EN LIGNE

Rechercher sur Achats en ligne

Recevoir gratuitement la lettre d'information

| LIVRES, EBOOKS | MUSIQUE, MP3, INSTRUMENTS | DVD, BLU-RAY | PHOTO CAMÉSCOPES | TV, VIDÉO, HOME CINÉMA | SON, HIFI, LECTEURS MP3 | JEUX VIDÉO, CONSOLES | GPS, TÉLÉPHONES |

>> Photo, caméscope >> Appareil photo numérique >> Cool-lens Ultra Bright X300

OFFRE EXCEPTIONNELLE !
Un appareil photo numérique à prix d'ami :
le **Cool-lens Ultra Bright X300** pour
seulement **99 euros**.
Caractéristiques techniques :

Pixels : 12 Mpix, capteur CCD 1/2,3''
Zoom : 4 X, équivalent 27-108 mm
Stabilisateur : électronique
Sensibilité : 80 à 3 200 ISO
Écran : 2,7'' en 230 000 pixels
Vidéo : 640 x 480 en 30 images/s
Batterie : Lithium-Ion rechargeable
Dimensions / poids : 94 x 56 x 19 mm / 300 g

Appelez tout de suite le 08 45 76 90 62 pour commander votre appareil ou remplissez votre bon de commande en ligne en cliquant ici. Notre service de livraison à domicile s'engage à vous le remettre en mains propres dans un délai de 24 heures sur tout le territoire national, sans aucun frais de livraison.
Ajoutez seulement 10 euros et obtenez en plus un étui en cuir.

LES PERSONES QUI ONT ACHETÉ CE PRODUIT ONT ÉGALEMENT ACHETÉ
- L'objectif NIKKOR 18-105 mm ;
- Le kit de nettoyage d'appareil photo PhotoClean ;
- Le sac de voyage SamiSport.

C. Jules a acheté cet appareil sur Internet. Trois jours plus tard, il reçoit ce courriel. Par petits groupes, aidez-le à rédiger une lettre de réclamation.

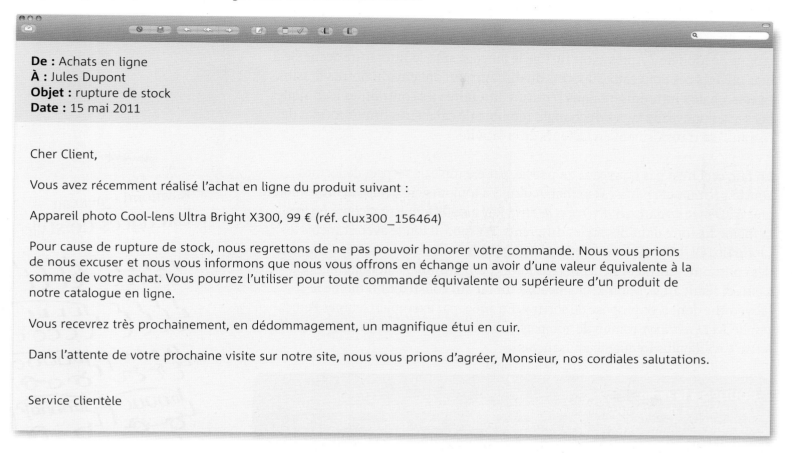

De : Achats en ligne
À : Jules Dupont
Objet : rupture de stock
Date : 15 mai 2011

Cher Client,

Vous avez récemment réalisé l'achat en ligne du produit suivant :

Appareil photo Cool-lens Ultra Bright X300, 99 € (réf. clux300_156464)

Pour cause de rupture de stock, nous regrettons de ne pas pouvoir honorer votre commande. Nous vous prions de nous excuser et nous vous informons que nous vous offrons en échange un avoir d'une valeur équivalente à la somme de votre achat. Vous pourrez l'utiliser pour toute commande équivalente ou supérieure d'un produit de notre catalogue en ligne.

Vous recevrez très prochainement, en dédommagement, un magnifique étui en cuir.

Dans l'attente de votre prochaine visite sur notre site, nous vous prions d'agréer, Monsieur, nos cordiales salutations.

Service clientèle

PLAN DE TRAVAIL

1. FAITES LA LISTE DES PROMESSES DE LA SOCIÉTÉ
► annoncées à la radio ;
► publiées sur Internet.

2. ORGANISEZ VOS ARGUMENTS PAR RAPPORT AU COURRIEL DE LA SOCIÉTÉ
► Ce qui vous paraît inadmissible (explication fournie par la société, ton de la lettre, etc.).

3. ÉCRIVEZ VOTRE LETTRE DE RÉCLAMATION
► Organisez vos arguments par paragraphes ;
► Choisissez un ton qui laisse paraître votre agacement / votre colère.

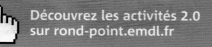

Découvrez les activités 2.0
sur rond-point.emdl.fr

Création sous contrôle !

Qui a dit que l'utilisation des téléphones portables constituait un danger pour la langue de Molière ? Après avoir fustigé le langage sms, la littérature accueille à bras ouverts ces nouveaux supports du discours qui ont envahi notre vie : sms, tweets, chats s'introduisent dans l'écriture littéraire : les contraintes techniques liées à ces nouveaux types d'échanges (nombre de caractères limité, format de l'écran...) se transforment en facteurs de créativité.

En fait, ceci n'est pas nouveau : en poésie, par exemple, le respect de formes contraignantes et codifiées (sonnet, haïku...) a toujours été utilisé comme moteur créatif. Dès 1947, dans ses *Exercices de style*, Raymond Queneau raconte 99 fois la même histoire dans des styles différents. En 1960, il fonde avec François le Lionnais l'OULIPO (Ouvroir de Littérature Potentielle), où il s'agit de s'imposer des contraintes formelles encore plus fortes pour stimuler son imagination. Celui-ci serait ainsi, selon R. Queneau, « un rat qui construit lui-même le labyrinthe dont il se propose de sortir ». En 1969, par exemple, Georges Perec publie *La Disparition*, roman de 300 pages qui ne comporte pas une seule fois la lettre « e », la plus fréquente en français !

L'OULIPO à la radio
Les amateurs de jeux littéraires peuvent retrouver l'émission *Les Papous dans la tête* tous les dimanches à 12 h 45 sur France Culture : des membres officiels de l'OULIPO ainsi que d'autres écrivains s'amusent à contourner des contraintes littéraires pour le plus grand plaisir des auditeurs.

8. LITTÉRATURE ET CONTRAINTES

A. À vous de rédiger un petit texte sous contrainte. Par groupes de deux, pensez chacun à une contrainte littéraire (écrire un texte sans la lettre « a », sans verbe...) et proposez-la à votre voisin. Celui-ci devra écrire un petit texte de cinq lignes en la respectant.

B. Échangez vos textes et essayez d'en retrouver les contraintes.

Parlez-vous sms ?

Le premier livre en langage sms est publié le 15 janvier 2004. Il s'agit de *Pa Sage a Taba : vo SMS* de Phil Marso. Destiné à un public jeune et consommateur de textos, c'est en réalité un polar sur la prévention du tabagisme. À la fin de l'ouvrage, un dictionnaire est là pour aider les novices à déchiffrer les abréviations !

9. À VOS STYLOS !

A. Voici un extrait de *Pa Sage a Taba : vo SMS*. Par groupes de deux, réécrivez-le avec l'orthographe standard du français, puis comparez votre texte avec celui du corrigé.

« L'histoar : Bob KanCro è surpri a min8 avk 1 s@c poubel rempli 2 mégo. La poliss le surveillè 2pui dê moa pr savoar s'il avè aréT 2 méfu. Au bou 2 24h 2 gardà-vu, Bob ne montre ok1n Dpendance 2 la 6garette. Lê keufs on lê nRRRR ! Le komisR Mafoin engAg le Dtektive JWB (John Wilson Bred) pr grilé à peti feu le susP, 24h sup'. Bob KanCro pRdra-t-il la 100T face à 1 acharneMen Trapeutik 2 rud épreuv ? »

Pa Sage a TaBa : vo SMS de Phil Marso chez Megacom-Ik

L'histoire : ...

Corrigé : Bob Cancéro est surpris à minuit avec un sac poubelle rempli de mégots. La police le surveillait depuis des mois pour savoir s'il avait arrêté de fumer. Au bout de 24 heures de garde à vue, Bob ne montre aucune dépendance à la cigarette. Les flics ont les nerfs ! Le commissaire Mafoin engage le détective John Wilson Bred pour griller à petit feu le suspect, 24 heures supplémentaires. Bob Cancéro perdra-t-il la santé face à un acharnement thérapeutique de rude épreuve ?

B. Comparez ces deux textes et complétez ce petit manuel de « français-sms » avec les mots proposés et vos observations.

chiffre

inversées

phonétiquement

symbole

On peut remplacer un mot par un...
Exemple : ....

On peut remplacer une lettre par un...
Exemple : ....

Une lettre majuscule au milieu du texte se prononce...
Exemple : ....

Utilisation occasionnelle du *verlan* : les syllabes d'un mot sont...
Exemple : ....

Nous allons raconter notre version d'un conte traditionnel.

1. QUE TU AS DE GRANDES OREILLES !

A. Observez les illustrations : quels contes reconnaissez-vous ? Quels sont leurs titres dans votre langue ?

B. Regardez ces titres de contes : les reconnaissez-vous ?

Le Petit Poucet **1**   Le Vilain Petit Canard **2**

Le Loup et les Sept Chevreaux **3**   Cendrillon **4**

Le Petit Chaperon rouge **5**   Blanche-Neige **6**

C. Associez chacune de ces phrases avec le titre de l'un de ces contes.

Le loup mit sa patte dans la farine et la montra sous la porte.

« Miroir, mon gentil miroir, qui est la plus belle en ce royaume ? »

Il était tellement petit qu'on l'appelait Petit Poucet.

Grand-mère, que tu as de grandes oreilles !

« Emmène-la dans la forêt et arrange-toi pour qu'elle n'en sorte pas vivante », ordonna la reine au chasseur.

La fée passa sa baguette magique sur la citrouille, qui se transforma rapidement en un superbe carrosse.

« Montre tes pattes pour que nous puissions voir si tu es vraiment notre chère maman », dirent-ils en chœur.

Elle descendit l'escalier tellement vite qu'elle perdit une de ses pantoufles de vair.

Pendant que les sept nains travaillaient à la mine, elle s'occupait de la maison.

Lorsque la mère canard vit qu'il était si laid, elle dit à ses frères de s'éloigner de lui.

« Toi, tu passes par ici et moi, je passe par là, on verra qui arrivera le premier chez ta grand-mère », dit le loup.

Grâce aux bottes magiques de l'ogre, il parcourut sept lieues d'un seul pas.

« Puisque tu es si laid, tu ne joueras pas avec nous », lui crièrent ses frères.

D. Comparez vos réponses.

2. QU'EST-CE QU'UN CONTE ?

A. Lisez les informations suivantes et cochez celles qui sont vraies.

1. Les contes n'existent pas dans certaines cultures.

2. Les contes sont souvent des histoires racontées aux enfants pour qu'ils s'endorment.

3. Dans les contes européens, le rôle du méchant est très souvent représenté par un dragon.

4. Les contes sont des histoires pour enfants mais aussi pour adultes.

5. Les contes commencent par une formule spéciale.

6. Les contes ne se terminent pas toujours bien.

B. Maintenant, écoutez l'interview d'une spécialiste de la littérature orale et vérifiez vos réponses.

Piste 25

C. Selon cette spécialiste, quelles sont les cinq étapes d'un conte ?

1. ....

2. ....

3. .... *Le héros cherche des solutions.* ....

4. ....

5. ....

3. LE PETIT POUCET

A. Par groupes, remettez ce conte célèbre dans l'ordre.

Ce soir-là, comme le Petit Poucet se doutait de quelque chose, il garda un bout de pain dans sa poche. Il eut raison : le lendemain, en effet, le bûcheron emmena à nouveau les enfants dans la forêt pour les y perdre et le Petit Poucet sema alors des miettes le long du chemin. Mais cette fois, ils ne retrouvèrent pas le chemin de la maison parce que des oiseaux avaient mangé le pain.

Lorsque l'ogre revint le lendemain pour manger les enfants, il ne les trouva pas : ils s'étaient échappés. Alors, furieux, l'ogre chaussa ses bottes de sept lieues et se lança à leur poursuite. Très vite, il arriva près de l'endroit où s'étaient cachés les enfants, mais il était si fatigué qu'il s'endormit.

B. Avez-vous remarqué que certains verbes étaient conjugués à un nouveau temps ? Faites-en la liste et retrouvez leur infinitif.

C. Ce temps, c'est le passé simple : il est souvent utilisé en littérature. Par quel autre temps pourrait-on le remplacer ?

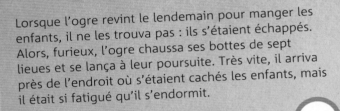

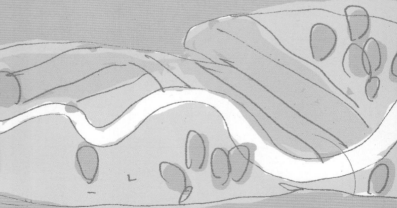

« Je suis venu pour gagner beaucoup d'argent », dit le petit Poucet au roi étonné. « Je peux vous aider à gagner la guerre grâce à ces bottes », ajouta-t-il. Et effectivement, le roi gagna la guerre et donna un grand sac d'or au Petit Poucet en récompense.

Ils marchèrent des heures, et finirent par trouver une maison. Mais c'était la maison d'un ogre qui mangeait les enfants : il les enferma pour les manger le jour suivant.

Le Petit Poucet remercia le roi et rentra vite chez lui. Depuis ce jour-là, lui et sa famille ne connurent plus jamais la misère et ils vécurent heureux très longtemps.

Il était une fois un bûcheron et sa femme, qui avaient sept fils. Le plus jeune était si petit que tout le monde l'appelait le Petit Poucet. C'était un garçon intelligent et attentif.

Alors, pendant que ses frères couraient vers leur maison, le Petit Poucet enleva les bottes de l'ogre et les chaussa. Puis il courut jusqu'au palais royal, où le roi tenait un conseil de guerre.

3

Une nuit, pendant que ses frères dormaient, le Petit Poucet entendit le bûcheron dire à sa femme : « Femme, nous ne pouvons plus nourrir nos garçons, il faut les abandonner dans la forêt. »

Comme le Petit Poucet avait tout entendu, il sortit et remplit ses poches de cailloux. Ainsi, lorsque le lendemain le bûcheron emmena ses enfants dans la forêt pour les perdre, le Petit Poucet jeta les cailloux tout au long du chemin. Les sept frères purent donc, en suivant les pierres, rentrer chez eux, à la grande joie de leur mère.

4. DEUX CHOSES À LA FOIS

A. On dit d'une personne qu'elle est « polychrone » lorsqu'elle fait souvent plusieurs choses en même temps. Posez les questions suivantes à un camarade afin de savoir s'il est dans ce cas.

	jamais	souvent
1. Lisez-vous en regardant la télévision ?		
2. Pouvez-vous écrire un courriel en parlant au téléphone ?		
3. Pouvez-vous écrire un sms en marchant ?		
4. Pouvez-vous répondre à quelqu'un en lisant ?		
5. Travaillez-vous en écoutant la radio ?		
6. Pouvez-vous jouer à des jeux vidéo en travaillant ?		
7. Chantez-vous en vous rasant / en vous maquillant ?		
8. Pouvez-vous envoyer un sms à un ami en écoutant le professeur ?		
9. Pouvez-vous écouter de la musique en faisant du vélo ?		
10. Pouvez-vous regarder un film en écoutant une émission de radio ?		

B. Maintenant, présentez vos conclusions à votre camarade.

● Je crois que vous êtes plutôt polychrone car vous pouvez lire en regardant la télé...

5. UN PROBLÈME, UNE SOLUTION

A. Par petits groupes, faites une liste des problèmes qui vous paraissent les plus importants : écologie, éducation...

· Le trou dans la couche d'ozone continue de s'agrandir.
· Il n'y a pas de métro après 2 heures du matin pour rentrer chez soi.

B. Échangez votre liste avec celle d'un autre groupe et proposez des solutions.

· Pour diminuer la pollution, on devrait limiter la circulation des voitures et des camions.
· Pour qu'il y ait des métros après 2 heures du matin, on pourrait envoyer une lettre au maire ou bien au ministre des Transports.

LE PASSÉ SIMPLE

Le passé simple s'emploie seulement à l'écrit et essentiellement aux troisièmes personnes du singulier et du pluriel. Il situe le récit dans un temps éloigné du nôtre. C'est le temps du conte.

Ils se marièrent et eurent beaucoup d'enfants.

Ti Pocame vit une petite lumière et il sauta sur une branche.

LE GÉRONDIF

Quand le sujet fait deux actions en même temps, on peut utiliser le gérondif.

*Petit Poucet marchait **en jetant** des cailloux sur le chemin.*

Attention !

être	→ en étant
avoir	→ en ayant
savoir	→ en sachant

SITUER DANS LE TEMPS (5)

▶ **Lorsque** s'utilise comme **quand**.
Lorsque l'ogre revint, les enfants avaient disparu.

▶ **Tandis que** et **pendant que** s'utilisent pour exprimer la simultanéité de deux actions.
Pendant que / Tandis que ses parents mangeaient, le Petit Poucet garda un bout de pain dans sa poche.

6. CAUSE OU CONSÉQUENCE ?

Complétez chaque titre de presse avec **car**, **pourtant**, **comme**, en les plaçant au début ou au milieu de la phrase, puis mettez les majuscules et ajoutez la ponctuation nécessaire. Comparez vos réponses avec celles d'un camarade (plusieurs réponses sont possibles).

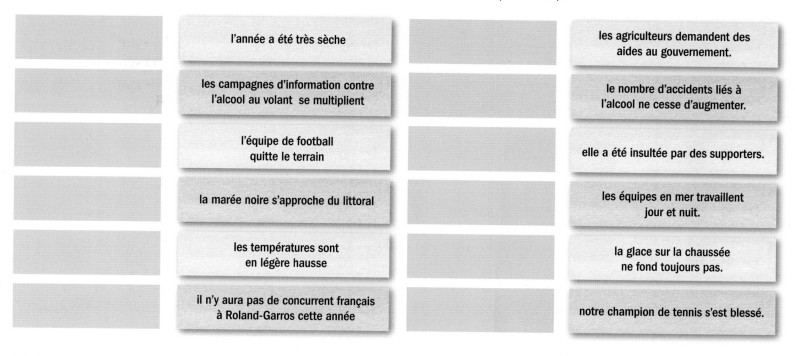

| | l'année a été très sèche | | les agriculteurs demandent des aides au gouvernement. |

| | les campagnes d'information contre l'alcool au volant se multiplient | | le nombre d'accidents liés à l'alcool ne cesse d'augmenter. |

| | l'équipe de football quitte le terrain | | elle a été insultée par des supporters. |

| | la marée noire s'approche du littoral | | les équipes en mer travaillent jour et nuit. |

| | les températures sont en légère hausse | | la glace sur la chaussée ne fond toujours pas. |

| | il n'y aura pas de concurrent français à Roland-Garros cette année | | notre champion de tennis s'est blessé. |

7. COURSE CONTRE LA MONTRE

Gilles et Marie se sont réveillés en retard. Ils doivent partir dans 30 minutes. Aidez-les à s'organiser.

▶ préparer le café : 5 min
▶ beurrer 4 tartines : 4 min
▶ faire les lits : 5 min
▶ donner à manger au chat : 1 min
▶ prendre le petit-déj' : 10 min
▶ habiller les enfants : 5 min
▶ s'habiller : 5 min chacun
▶ prendre une douche : 5 min chacun

	Gilles	Marie
7.00		
7.20 - 7.30	Prendre le petit-déjeuner	Prendre le petit-déjeuner

● Pendant que Marie prépare le café, Gilles peut...

LA CAUSE : CAR / PUISQUE / COMME

Car introduit une cause (= parce que).

*Cendrillon partit vite **car** il était minuit.*

Comme (en tête de phrase) et **puisque** introduisent une cause logique.

Comme *le loup montra patte blanche, il put entrer.*

*Le loup put entrer **puisqu**'il montra patte blanche.*

LE BUT : AFIN DE ET POUR QUE

▶ **Afin de** + infinitif (= pour)
*Le Petit Poucet jeta des pierres derrière lui **afin de** retrouver son chemin.*

▶ **Pour que** + subjonctif. On l'emploie si le sujet de la première partie de la phrase est différent de celui de la deuxième.
*Montre tes pattes **pour que nous puissions** voir qui tu es.*

LES CONNECTEURS LOGIQUES

▶ **Pourtant** introduit une opposition.
*Bébé, le petit canard était laid ; **pourtant** quand il grandit, il devint un beau cygne.*

▶ **Donc** introduit une conséquence.
*Ti Pocame décida d'aller vivre chez sa marraine. Il se mit **donc** en route.*

8. LA PIERRE PHILOSOPHALE

A. Lisez ce récit. Réécrivez les phrases soulignées en utilisant les connecteurs ci-dessous.

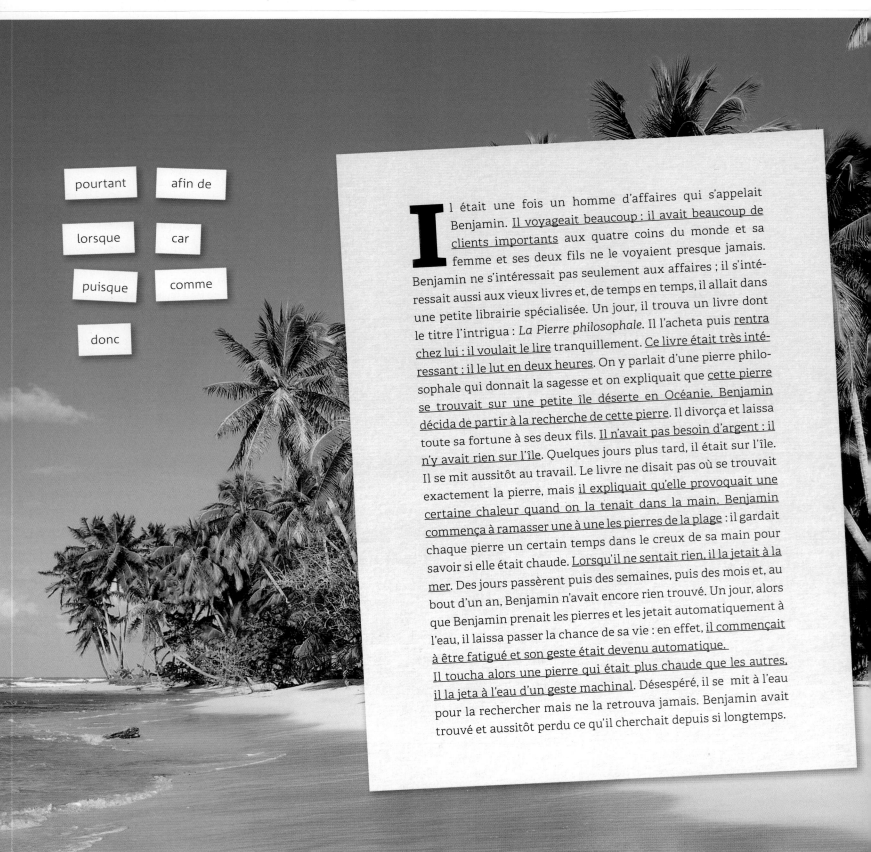

pourtant · afin de · lorsque · car · puisque · comme · donc

Il était une fois un homme d'affaires qui s'appelait Benjamin. Il voyageait beaucoup : il avait beaucoup de clients importants aux quatre coins du monde et sa femme et ses deux fils ne le voyaient presque jamais. Benjamin ne s'intéressait pas seulement aux affaires ; il s'intéressait aussi aux vieux livres et, de temps en temps, il allait dans une petite librairie spécialisée. Un jour, il trouva un livre dont le titre l'intrigua : *La Pierre philosophale*. Il l'acheta puis rentra chez lui : il voulait le lire tranquillement. Ce livre était très intéressant : il le lut en deux heures. On y parlait d'une pierre philosophale qui donnait la sagesse et on expliquait que cette pierre se trouvait sur une petite île déserte en Océanie. Benjamin décida de partir à la recherche de cette pierre. Il divorça et laissa toute sa fortune à ses deux fils. Il n'avait pas besoin d'argent : il n'y avait rien sur l'île. Quelques jours plus tard, il était sur l'île. Il se mit aussitôt au travail. Le livre ne disait pas où se trouvait exactement la pierre, mais il expliquait qu'elle provoquait une certaine chaleur quand on la tenait dans la main. Benjamin commença à ramasser une à une les pierres de la plage : il gardait chaque pierre un certain temps dans le creux de sa main pour savoir si elle était chaude. Lorsqu'il ne sentait rien, il la jetait à la mer. Des jours passèrent puis des semaines, puis des mois et, au bout d'un an, Benjamin n'avait encore rien trouvé. Un jour, alors que Benjamin prenait les pierres et les jetait automatiquement à l'eau, il laissa passer la chance de sa vie : en effet, il commençait à être fatigué et son geste était devenu automatique. Il toucha alors une pierre qui était plus chaude que les autres, il la jeta à l'eau d'un geste machinal. Désespéré, il se mit à l'eau pour la rechercher mais ne la retrouva jamais. Benjamin avait trouvé et aussitôt perdu ce qu'il cherchait depuis si longtemps.

B. Est-ce que vous avez aimé cette histoire ? À votre avis, quel est le sens de cette histoire, sa morale ? Parlez-en avec deux autres camarades.

● Moi, je pense que la morale de cette histoire, c'est qu'il ne faut pas...

9. À VOUS DE RACONTER !

A. Par petits groupes, choisissez quel conte vous voulez raconter parmi ceux que vous connaissez.

B. Pour en faire une version personnelle, réécrivez le conte en faisant entrer un « intrus » (un personnage qui vient d'un autre conte).

C. Partagez votre texte avec la classe.

● Il était une fois...

vos stratégies ⊗

Pensez à bien organiser votre narration. Utilisez les marqueurs temporels (*puis, ensuite, le lendemain*...) et les connecteurs logiques (*donc, alors, mais*...).

 Découvrez les activités 2.0 sur rond-point.emdl.fr

10. UNE LANGUE MÉTISSE

Lisez le texte suivant sur l'origine de la langue créole. Savez-vous quelles langues ont influencé votre propre langue ?

La langue créole

Le créole à base lexicale française est né du métissage du vocabulaire français des XVIIe et XVIIIe siècles avec des expressions d'origine africaine. Capturés sur leur terre natale, les Africains déportés aux Antilles étaient répartis sur diverses îles pour éviter que les tribus se reconstituent et provoquent des révoltes.

Face au besoin de survivre et de communiquer avec des compagnons parlant des langues différentes, ils ont créé une langue commune, reprenant des mots français et quelques termes amérindiens, le tout construit avec une syntaxe proche de celle des langues d'Afrique. Le temps a donné une unité à l'ensemble, et toute une littérature orale en langue créole s'est développée progressivement sous forme de contes, de chants et de proverbes. Le créole est aujourd'hui une langue à part entière et il est même la langue officielle de deux pays indépendants : Haïti et les îles Seychelles.
En fait, il n'existe pas un mais plusieurs créoles. Le créole à base lexicale française se parle aujourd'hui à Haïti, aux Antilles françaises (Guadeloupe et Martinique), en Guyane, sur l'île Maurice, à la Réunion et aux îles Seychelles.

Quelques mots créoles : en les prononçant, vous découvrirez la proximité avec le français.

enmé :	aimer
appwan :	apprendre
ayen :	rien
gadé :	regarder

11. TI POCAME

A. Lisez le début de ce conte antillais. À quels autres contes vous fait-il penser ?

TI POCAME.

Il était une fois un petit garçon, gentil, très gentil qui s'appelait Ti Pocame. Ce petit garçon, très gentil, habitait chez sa tante car il était orphelin. Mais sa tante ne l'aimait pas du tout, elle lui préférait ses deux fils. Elle leur réservait toujours les plus beaux habits et pour Ti Pocame, les vieux habits. Ces deux fils avaient toujours droit aux bons morceaux de viande et Ti Pocame, aux os. Ti Pocame faisait toujours toutes les corvées : aller chercher l'eau à la rivière, nourrir le cochon et les poules, éplucher les légumes... Souvent, Ti Pocame était puni injustement et, dans ses colères, sa tante menaçait de le donner au diable.

Mais Ti Pocame était un garçon courageux, très courageux et il ne se plaignait jamais. Pour oublier ses malheurs, il rêvait souvent à sa chère marraine, chez qui il aimerait bien partir vivre un jour. Un soir, alors qu'ils étaient à table, la tante ordonna à Ti Pocame d'aller cueillir un piment afin d'épicer le repas. Il faisait noir, très noir et, tout de suite, Ti Pocame qui était pourtant courageux, très courageux, pensa : « C'est sûr, ce soir ma tante m'envoie au diable ! »

Avant de sortir, il prit soin de glisser dans sa poche les sept pépins d'orange qui portent chance et que sa marraine lui avait donnés pour son anniversaire. Une fois dehors, la nuit l'enveloppa tout entier. Il prit garde à faire le moindre bruit afin de ne pas se faire remarquer par le diable. Soudain, il vit une petite lumière comme celle d'une luciole, mais celle-ci se mit à foncer sur lui comme une boule de feu : « le diable », pensa-t-il.

B. À votre avis, quelle est la suite et la fin du conte ? Croyez-vous que le conte continue ? Voulez-vous le savoir ? Écoutez !

Piste 26

10 JEUX D'ÉQUIPE

Règles du jeu

Chaque groupe prépare d'abord les questions. Puis, à tour de rôle, chaque groupe lance le dé et une personne désignée au hasard (soit par le professeur, soit par un nouveau lancer de dés) fait ce qui est demandé. Si la réponse est correcte, avancez d'une case (deux cases si la suivante est la prison) avant de laisser jouer le groupe suivant.

Si vous tombez sur une case **VERT FONCÉ** et que vous répondez correctement, vous pouvez avancer de trois cases.

Si vous tombez sur une case **JOKER** et que vous répondez correctement à la question, vous gagnez un joker.

Si vous tombez sur une case **PRISON**, vous devez passer deux tours, mais si vous avez un joker, vous pouvez l'utiliser pour ne passer qu'un seul tour.

Si vous êtes sur une case **ROUGE** et que vous répondez correctement à la question, vous pouvez rejouer.

Si vous tombez sur une case **SABLIER**, vous devez parler pendant 1 minute sur le thème proposé.

Le groupe qui arrive le premier à la case ARRIVÉE a gagné.

5 Faites une phrase avec tellement ... que.

6 Êtes-vous plutôt thé ou plutôt café ? Donnez 2 arguments.

21 Parlez d'un spectacle qui vous a plu. Donnez 2 arguments.

22 Case prison

20 Êtes-vous plutôt cinéma ou théâtre ? Donnez 2 arguments.

35 Complé...

4 Citez 3 villes francophones.

7 Citez 3 qualités de votre appartement en expliquant pourquoi elles vous plaisent.

19 Conjuguez le verbe aller au futur proche.

23 Qu'est-ce que le « quatrième mur » au théâtre ?

34 Donnez 3 conseils pour réussir un entretien d'embauche.

3 Citez 3 communautés importantes de Montréal.

8 Présentez 2 arguments pour ou contre l'échange d'appartements.

18 Quel est votre moment favori de la journée ? Donnez 2 arguments pour vous justifier.

24 Quelles activités peut-on faire dans votre ville ? Donnez 2 exemples.

33 Comment s'appelle le rendez-vous que vous av... avec un recruteu...

2 Conjuguez le verbe être au conditionnel présent.

9 Décrivez les vêtements que vous portez aujourd'hui.

17 Quelle est votre musique préférée ? Donnez 2 arguments pour vous justifier.

25 Conjuguez le verbe investir au subjonctif présent.

32 Êtes-vous pour ou contre les résea... sociaux ? Donnez 2 arguments.

1 Présentez votre plus grand défaut en donnant 2 exemples concrets.

10 Conjuguez le verbe voir à l'imparfait.

16 En quelle année la brebis Dolly a-t-elle été clonée ?

26 Faites une phrase avec dont.

31 Dites ce que vous détestez dans votre ville.

11 Quel objet jugez-vous le plus utile pour apprendre une langue ? Donnez 2 arguments.

15 Citez 3 personnages de romans policiers francophones.

27 Citez 2 villes qui ont été capitales vertes de l'Europe.

30 Faites une phrase avec Je ne pense pas que...

12 Décrivez-vous physiquement.

13 Quel événement jugez-vous le plus important cette année ? Donnez 2 arguments.

14 Quel type de vacances préférez-vous ? Pourquoi ?

28 Faites 6 recommandations pour rester en forme.

29 Que pensez-vous de l'utilisation des caméras de surveillance ? Donnez 2 arguments.

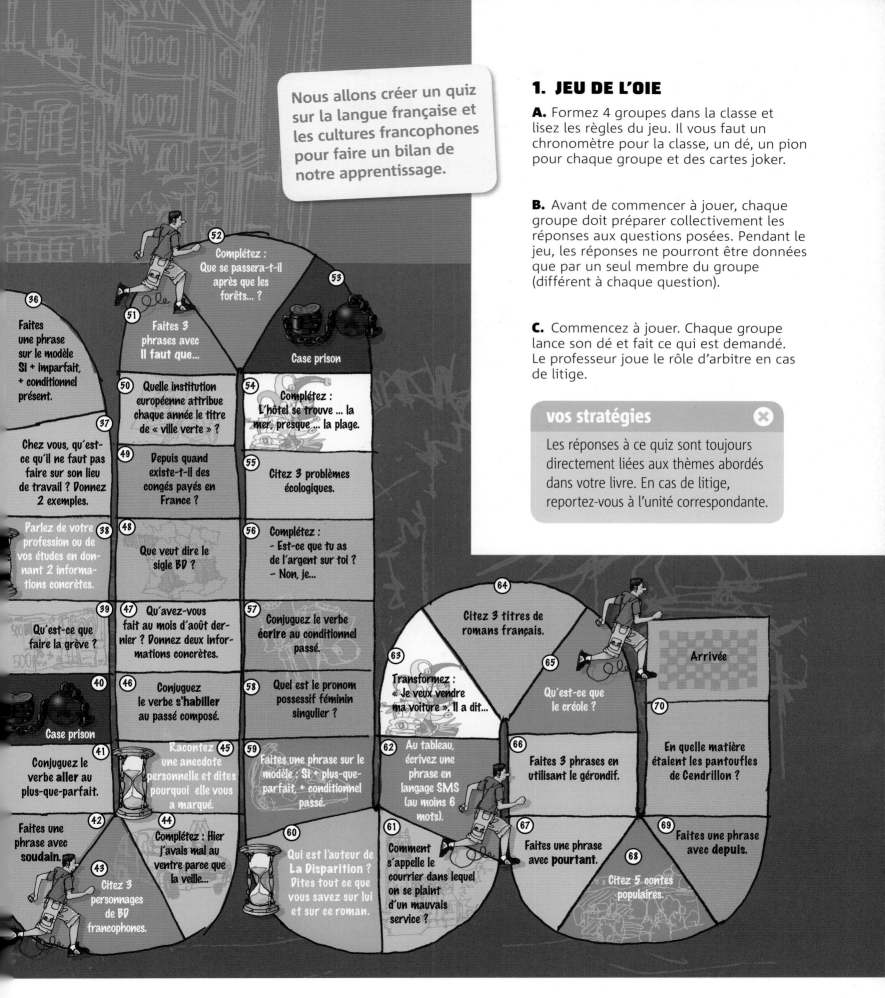

Nous allons créer un quiz sur la langue française et les cultures francophones pour faire un bilan de notre apprentissage.

1. JEU DE L'OIE

A. Formez 4 groupes dans la classe et lisez les règles du jeu. Il vous faut un chronomètre pour la classe, un dé, un pion pour chaque groupe et des cartes joker.

B. Avant de commencer à jouer, chaque groupe doit préparer collectivement les réponses aux questions posées. Pendant le jeu, les réponses ne pourront être données que par un seul membre du groupe (différent à chaque question).

C. Commencez à jouer. Chaque groupe lance son dé et fait ce qui est demandé. Le professeur joue le rôle d'arbitre en cas de litige.

vos stratégies ✕

Les réponses à ce quiz sont toujours directement liées aux thèmes abordés dans votre livre. En cas de litige, reportez-vous à l'unité correspondante.

36 Faites une phrase sur le modèle Si + imparfait, + conditionnel présent.

37 Chez vous, qu'est-ce qu'il ne faut pas faire sur son lieu de travail ? Donnez 2 exemples.

38 Parlez de votre profession ou de vos études en donnant 2 informations concrètes.

39 Qu'est-ce que faire la grève ?

40 Case prison

41 Conjuguez le verbe **aller** au plus-que-parfait.

42 Faites une phrase avec **soudain**.

43 Citez 3 personnages de BD francophones.

44 Complétez : Hier j'avais mal au ventre parce que la veille...

45 Racontez une anecdote personnelle et dites pourquoi elle vous a marqué.

46 Conjuguez le verbe **s'habiller** au passé composé.

47 Qu'avez-vous fait au mois d'août dernier ? Donnez deux informations concrètes.

48 Que veut dire le sigle BD ?

49 Depuis quand existe-t-il des congés payés en France ?

50 Quelle institution européenne attribue chaque année le titre de « ville verte » ?

51 Faites 3 phrases avec **Il faut que...**

52 Complétez : Que se passera-t-il après que les forêts... ?

53 Case prison

54 Complétez : L'hôtel se trouve ... la mer, presque ... la plage.

55 Citez 3 problèmes écologiques.

56 Complétez :
– Est-ce que tu as de l'argent sur toi ?
– Non, je...

57 Conjuguez le verbe **écrire** au conditionnel passé.

58 Quel est le pronom possessif féminin singulier ?

59 Faites une phrase sur le modèle : Si + plus-que-parfait, + conditionnel passé.

60 Qui est l'auteur de **La Disparition** ? Dites tout ce que vous savez sur lui et sur ce roman.

61 Comment s'appelle le courrier dans lequel on se plaint d'un mauvais service ?

62 Au tableau, écrivez une phrase en langage SMS (au moins 6 mots).

63 Transformez : « Je veux vendre ma voiture ». Il a dit...

64 Citez 3 titres de romans français.

65 Qu'est-ce que le créole ?

66 Faites 3 phrases en utilisant le gérondif.

67 Faites une phrase avec **pourtant**.

68 Citez 5 contes populaires.

69 Faites une phrase avec **depuis**.

70 En quelle matière étaient les pantoufles de Cendrillon ?

Arrivée

2. UN BILAN

A. Remplissez ce bilan d'orientation que propose un organisme de recherche sur l'apprentissage des langues.

Quel type d'apprentissage des langues vous convient le mieux ?

Vous arrivez à la fin d'un cycle d'apprentissage du français. Remplissez ce questionnaire pour mieux connaître votre profil d'apprentissage et élaborer pour la suite un programme adapté à vos besoins.

I. VOTRE PROFIL

Depuis combien de temps apprenez-vous le français ?

....

Depuis combien de temps êtes-vous inscrit dans la même école ?

....

Avez-vous interrompu votre apprentissage du français ? Si oui, pendant combien de temps à chaque fois ?

....

Apprenez-vous le français...

☐ **a.** pour le plaisir ?

☐ **b.** pour des raisons professionnelles ?

☐ **c.** pour des raisons familiales ?

☐ **d.** autres (précisez) : ....

II. VOTRE APPRENTISSAGE

Avez-vous apprécié le travail en groupe ?

☐ Oui ☐ Non

Si vous pouviez choisir, n'aimeriez-vous pas :

plus de grammaire ?

☐ Oui   ☐ Non

plus d'exercices ?

☐ Oui   ☐ Non

plus d'évaluations ?

☐ Oui   ☐ Non

plus d'activités en interaction ?

☐ Oui   ☐ Non

Qu'est-ce que vous avez particulièrement apprécié dans votre cours ?

....

Qu'est-ce que vous n'avez pas apprécié dans votre cours ?

....

Globalement, estimez-vous que votre apprentissage a été :

☐ très efficace ★★★★   ☐ efficace ★★★
☐ assez efficace ★★   ☐ peu efficace ★

III. ET MAINTENANT ?

Comptez-vous continuer votre apprentissage ?

☐ Oui ☐ Non

Envisagez-vous de passer un examen officiel ?

☐ Oui ☐ Non

Préférez-vous faire une pause ?

☐ Oui ☐ Non

Dans ce cas, aimeriez-vous partir en stage linguistique dans un pays francophone ?

☐ Oui ☐ Non

Souhaiteriez-vous organiser vous-même votre séjour ou bien préféreriez-vous que quelqu'un s'en charge ?

☐ J'organiserais moi-même mon séjour.

☐ Je préférerais que quelqu'un s'en charge.

Merci de votre coopération !

B. Échangez vos bilans avec un camarade. En vous basant sur les réponses qu'il a données aux questions concernant son apprentissage, quels conseils pensez-vous qu'il recevra de la part de l'organisme d'évaluation ? Discutez-en avec lui puis complétez ensemble le conseil choisi.

CONSEIL 1
Ce type d'apprentissage vous convient parfaitement. Le mieux pour vous serait de...

CONSEIL 2
Ce type d'apprentissage vous convient, mais vous avez besoin de réorganiser votre façon de travailler pour optimiser vos heures de cours. Vous devriez...

CONSEIL 3
Vos habitudes de travail sont un peu différentes de celles qu'on vous propose, mais vous pouvez vous adapter. Pour cela, vous pourriez par exemple...

3. D'AUTRES MANIÈRES D'APPRENDRE

A. Lisez ce texte d'un magazine qui présente des formes alternatives d'apprentissage des langues. Quelle méthode aimeriez-vous essayer ? Quelle méthode ne vous paraît pas crédible ? Discutez-en entre vous en classe.

PLANS B
POUR APPRENDRE UNE LANGUE

Quelle est la meilleure méthode pour apprendre une langue étrangère ? Il y a longtemps que les scientifiques se posent la question et il semble y avoir autant de réponses que de méthodes d'enseignement. Voici quelques exemples de démarches originales.

La suggestopédie

(Georgi Lozanov, Sofia, années 1960) La suggestopédie repose sur deux constatations : 1. on apprend mieux lorsque on est détendu ; 2. on n'utilise que 10% de notre potentiel cérébral. Aussi, cette méthode propose des cours en musique (essentiellement baroque) dans une ambiance silencieuse et confortable : la salle de classe ressemble, en fait, à un salon. Le professeur lit lentement des histoires dans la langue à apprendre et l'étudiant peut en suivre la traduction accompagnée d'explications grammaticales. Il s'agit d'ouvrir l'oreille de l'étudiant et de supprimer tout ce qui peut faire obstacle à son apprentissage : stress, blocages psychologiques...

La TPR

La TPR ou Total Physical Response (James Asher, San José, années 1970) se propose de recréer les phases d'apprentissage de l'enfant. En effet, bien avant de parler, l'enfant réagit à des mots ou des phrases qu'on lui adresse : il sourit, tend la main, tourne la tête... Le cours cherche donc à développer la faculté naturelle de compréhension des élèves, en sollicitant des actions par des phrases ou des mots spécialement choisis par le professeur : donne, prends, ouvre. La place du vocabulaire est primordiale et l'étudiant est amené progressivement à utiliser des mots isolés, puis des combinaisons de mots.

Le Silent Way

(Caleb Gattegno, années 1970) Ici, le silence de l'enseignant est utilisé comme technique pédagogique pour favoriser l'attention, l'autocorrection et surtout l'autonomisation de l'étudiant : celui-ci procède par essais successifs que le professeur confirme ou infirme. Le matériel pédagogique dans cette méthode joue un rôle très important, le professeur ayant essentiellement recours à des techniques visuelles (codes couleurs, tableaux de mots...).

La méthode Tomatis

(Alfred Tomatis, années 1950) C'est, d'après son fondateur, une pédagogie de l'écoute. Persuadé que nous sommes tous capables d'apprendre toutes les langues à n'importe quel âge, à condition de ne pas être perturbés par des facteurs extérieurs, Alfred Tomatis a développé un appareil qu'il a appelé « oreille électronique » qui, associé à l'écoute de la musique de Mozart, aide à retrouver les aptitudes que nous avons perdues après l'enfance.

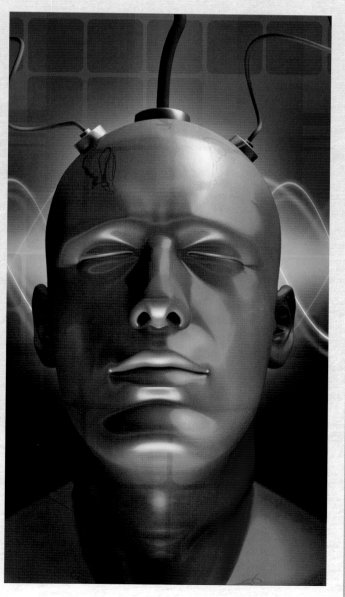

B. Que pensez-vous de ces méthodes d'enseignement des langues ? En connaissez-vous d'autres ? Parlez-en avec vos camarades.

4. UN PEU D'HISTOIRE : LA MARTINIQUE

Piste 27

Écoutez cette introduction à une émission de radio et complétez les phrases en choisissant un élément de chaque colonne.

1. C. Colomb débarque en Martinique ....*en 1502*....................

2. Elle est successivement hollandaise, anglaise et française ....

3. Elle est française ....

4. L'esclavage est aboli ....

5. Elle devient un département d'outre-mer ....

6. Il n'y a pas eu d'éruption ....

7. Le créole est enseigné à l'école ....

	deux siècles
pendant	le XVIIᵉ siècle
	1502
depuis	2011 1848
	1946
en	
	plus de 80 ans

5. BESTIAIRE INSOLITE

Regardez les photos et finissez les phrases d'après vos connaissances.

1. Le koala ne ....*mange que des feuilles d'eucalyptus.*....................

2. À l'âge adulte, le tarsier ne ....

3. L'éphémère est un papillon qui ne ....

4. Les bonobos ne ....

mange que des feuilles d'eucalyptus

s'accouple qu'une seule fois au cours de son existence

mesure que 15 cm

se trouvent qu'en République démocratique du Congo

LA QUESTION À LA FORME INTERRO-NÉGATIVE

La forme interrogative peut se combiner avec la forme négative.

La Réunion n'a-t-elle pas été une prison ?
La Réunion n'a pas été une prison ?

Dans ce cas, si la réponse est affirmative, la réponse n'est pas **oui** mais **si**.

Si, c'était une prison dès le XVIIᵉ siècle.

RÉPONDRE À UNE QUESTION AUTREMENT QUE PAR OUI OU NON

▶ Si la question est affirmative et la réponse affirmative : **tout à fait, en effet, absolument**.
● *Vous connaissez le Québec, n'est-ce pas ?*
○ *Absolument, je l'ai visité il y a deux ans.*

▶ Si la question est affirmative et la réponse négative : **pas du tout**.
● *Vous avez habité là-bas ?*
○ *(Non) Pas du tout, j'y suis allé en touriste.*

▶ Si la question est négative et la réponse affirmative : **si, bien sûr (que si)**.
● *Vous n'êtes pas sorti de Montréal, n'est-ce pas ?*
○ *Si, j'ai visité une grande partie du Québec.*

▶ Si la question est négative et la réponse est négative : **absolument pas, vraiment pas**.
● *Vous n'avez pas eu peur ?*
○ *(Non) Absolument pas.*

6. NI OUI NI NON

À tour de rôle, répondez aux questions que la classe va vous poser, mais attention : vous ne pouvez répondre ni par oui ni par non. Si la question est mal formulée, votre professeur le signale et vous ne répondez pas. Si vous répondez oui ou non, vous avez perdu et vous laissez votre place à un camarade.

- ● Tu vas bien aujourd'hui ?
- ○ Parfaitement bien.
- ● Tu es sûr ?
- ○ Absolument.

7. MAIS SI !

Par groupes de trois, chaque membre du groupe rédige quatre questions à la forme négative concernant l'un des deux autres. Ensuite, demandez à l'intéressé de confirmer vos suppositions. Celui qui s'est trompé plus de deux fois laisse son tour au suivant.

- ● Mario, tu n'aimes pas les fruits de mer, n'est-ce pas ?
- ○ Mais si, j'aime les fruits de mer !
- ■ Tu n'habites pas en ville, n'est-ce pas ?
- ● Non, j'habite à la campagne.

8. CARACTÈRES

Complétez ces textes comme dans les exemples en choisissant le verbe qui vous paraît le plus approprié.

Le stressé

Mon père veut que je ......*sois*...... un musicien célèbre.

Ma mère souhaite que je .....*sois*..... toujours élégant.

Ma sœur demande que je lui .... un petit copain.

Mon prof de maths veut que je lui .... des devoirs tous les jours.

Le je-m'en-foutiste

Ma mère préférerait que je .... des vêtements propres.

Mon père souhaiterait que j' .... de meilleures notes au lycée.

Les voisins aimeraient que je ne .... pas de la batterie le soir dans ma chambre.

Les gens voudraient que je leur .... bonjour dans la rue.

Le dragueur

Fanny veut que je .... toujours avec elle.

Marianne préfère que je ne .... pas à moto, elle a peur que j' .... un accident.

Julie adore que je l' .... en boîte.

Stéphanie aime que je .... en rocker.

SITUER DANS LE TEMPS (6)

Ces indicateurs temporels peuvent se construire avec une durée chiffrée.
*La Réunion est française **depuis le xviie siècle**.*
***Cela fait quatre siècles que** la Réunion est française.*

Ils se construisent également avec des adverbes de temps : **longtemps**, **peu de temps**, etc.
***Ça fait longtemps qu'**elle est française.*
*Elle travaille ici **depuis peu de temps**.*

VERBES DE SENTIMENT + SUBJONCTIF (2)

Tu veux que...	
Elle préfère que...	
Vous n'aimez pas que...	+ subjonctif
Elles souhaitent que...	

***Tu veux que je vienne** à quelle heure ?*

LA RESTRICTION NE... QUE

Ne se place devant le verbe conjugué et **que** se place devant l'élément sur lequel porte la restriction.

*Il **ne** voyage **qu'**en première classe (= il voyage seulement en première classe).*

9. LE QUIZ

A. Vous allez préparer un quiz sur le français et le monde francophone. Par petits groupes, choisissez un thème : grammaire, culture, vocabulaire, anecdotes de classe. Vous pouvez, bien sûr, en choisir d'autres.

- ● On se charge de la rubrique « anecdotes de classe » ?
- ○ Oui, on pourrait demander qui est arrivé en retard au dernier examen !
- ● Bonne idée ! C'était Sofiane, n'est-ce pas ?

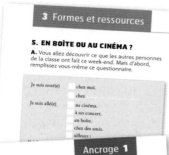

3 Formes et ressources

5. EN BOÎTE OU AU CINÉMA ?

A. Vous allez découvrir ce que les autres personnes de la classe ont fait ce week-end. Mais d'abord, remplissez vous-même ce questionnaire.

Je suis resté(e) ☐ chez moi.
☐ chez ...
Je suis allé(e) ☐ au cinéma.
☐ à un concert.
☐ en boîte.
☐ chez des amis.
☐ ailleurs : ...

6. J'AI A-DO-RÉ !

Mettez-vous par groupes de trois
lieux où vous êtes allés et que vi
(ou détesté !).

- ● Moi, j'ai adoré la Sicile. C'ét
vraiment ! Il faisait un temps
très peu de touristes dans le
allés.
- ○ Et il y a un lieu que tu as dé

7. CE WEEK-END, ON S

A. Imaginez qu'un ami vienne pa
dans votre ville. Pouvez-vous lui
lieux où aller ?

VILLE : Munich
LIEU À VISITER : l'Englischer Garten
OÙ : L'Englischer Garten est au nord
le quartier de Schwabing.
POURQUOI : J'adore l'Englischer Gar
un des plus grands parcs de la ville d
tout près du centre-ville. Une curiosit
japonaise et son jardin, une merveille.

B. Comparez vos fiches et comment

- ● Moi, je ne savais pas qu'il y avait
dans Munich, ça a l'air chouette.
- ○ Oui, c'est super. Tu te promènes d
et tout à coup tu te retrouves à la l

Ancrage 1

1. CHERCHE COLOC'

A. Ces quatre femmes cherchent un(e) colocataire à Montréal. Lisez leurs petites annonces et indiquez sur la photo de chacune leur prénom.

PETITES ANNONCES

Nous allons chercher dans la classe une personne avec qui partager un appartement.

Immobilier-location

http://www.immobilier-location.nrp/colocataires/Montreal

ACCUEIL | AFFICHER UNE ANNONCE | COLOC ALERTE | PROMO DU JOUR | AIDE

Qui sera notre 4e coloc' ?
Infos personnelles : Sarah, femme, 23 ans, non fumeuse
Loyer : 450 $
Logement : Maison à Prévost (Montréal)

Urgent !
Infos personnelles : Emma, femme, 28 ans, non fumeuse
Loyer : 440 $
Logement : Chambre à louer à Montréal

Vous cherchez une coloc' ?
Infos personnelles : Camille, femme,

Description générale :
Recherche un coloc pour partager maison à Prévost, bel emplacement, tout près du petit train du nord. Je fais de la danse classique. Je partage déjà la maison avec deux autres personnes : Kate, 20 ans, vendeuse, et André, 28 ans, intermittent du spectacle. Nous nous entendons très bien, nous sommes sympas et faciles à vivre. Nous cherchons une personne sérieuse mais aimant quand même faire la fête de temps en temps. Nous sommes tous les trois plutôt matinaux.

Description générale :
Meublé dans Notre-Dame-de-Grâce, près de la station de métro Vendôme. Inclus : WIFI, chauffage, machine à laver, frigo et cuisinière. Je voyage beaucoup pour mon travail et suis à l'appartement trois nuits par semaine seulement. Je fais de la méditation. Je ne supporte ni la musique techno ni les gens bruyants.

Description générale :
Grande chambre non meublée, avec armoire. Appartement très mignon situé dans la Petite-Patrie, à 15 minutes à pied du métro Rosemont. Je cherche une colocataire, étudiante de préférence, calme et sérieuse, non fumeuse. Je suis étudiante en journalisme, j'adore le jazz et regarder la télé. J'ai un chat, Eurasia.

Annonces correspondantes (7787)

CATÉGORIE :
Toutes les catégories immobilier
chambres à louer, colocs (7787)

LIEU :
Québec
Montréal (7787)

DISTANCE (?)
Montréal Changer
GLISSER

TYPE :
Tous les types
Offre (6669)
Recherché (1118)

ANNONCES EN VEDETTE

6 Tâche ciblée

8. HISTOIRES LITTÉRAIRES

A. Lisez ces anecdotes sur des écrivains célèbres parues dans une revue littéraire. Laquelle préférez-vous ?

Facéties d'écrivain

Loin de l'image austère qu'ils ont parfois auprès de leurs lecteurs, les écrivains sont aussi (et surtout !) des personnes qui aiment s'amuser. Voici quelques anecdotes à propos de trois d'entre eux.

On raconte que Rabelais, descendu à Lyon et n'ayant pas assez d'argent pour rentrer à Paris, avait pensé à une solution originale pour rentrer chez lui : il avait laissé dans sa chambre des petits sachets de sucre bien en évidence avec une étiquette : « Poison pour le Roi ». Bien entendu, il a très vite été arrêté et ramené dans la capitale... gratuitement. On dit que le Roi a beaucoup ri en apprenant le stratagème de l'écrivain.

On dit qu'un jour de 1839, le petit Jules Verne, alors âgé de 11 ans, est introuvable. Son père, affolé a l'idée que son fils se soit noyé, court vers le port de Nantes... et retrouve le petit Jules dans un bateau sur le point de partir pour les Indes. Le futur auteur du Tour du monde en 80 jours avait voulu embarquer pour ramener à sa cousine, dont il était tombé amoureux, un collier de corail.

Alexandre Dumas avait eu l'idée de représenter ses personnages par une petite figurine qu'il plaçait sur une étagère : quand le personnage mourait, Dumas la jetait à la poubelle. Or, un jour, il reçoit des plaintes de lecteurs : des personnages morts étaient ressuscités. Sa nouvelle femme de chambre, pensant que les figurines étaient tombées accidentellement dans la poubelle, les avait remises sur l'étagère !

B. Connaissez-vous d'autres anecdotes sur des écrivains ou d'autres personnages célèbres ? Partagez-les avec la classe.

9. ÇA VOUS EST DÉJÀ ARRIVÉ ?

A. Individuellement, choisissez deux ou trois de ces thèmes, et précisez quelques détails importants des histoires correspondantes. Bien sûr, vous pouvez inventer !

- ► Une personne célèbre que j'ai rencontrée.
- ► Un lieu où je me suis perdu.
- ► Un avion / Un train / Un bus que j'ai raté.
- ► Un plat insolite que j'ai mangé.
- ► Une mauvaise rencontre que j'ai faite.
- ► De l'argent que j'ai perdu.
- ► Un jour où j'ai eu très peur.
- ► Une soirée inoubliable.
- ► Une expérience amusante.
- ► Une expérience embarrassante.
- ► Autre : ...

B. Par groupes de trois, partagez vos histoires. Décidez : laquelle est la plus intéressante ? Est-elle vraie ?

- ● Je pense que ton histoire est la plus incroyable ! Elle est vraie ?
- ○ Bien sûr que non, je viens de l'inventer !

C. Rédigez ensemble l'histoire que vous avez choisie. Soyez très précis sur les circonstances parce que vous devrez persuader la classe que vous l'avez vraiment vécue, si ce n'est pas le cas.

D. Faites circuler les textes dans la classe et identifiez quel groupe a écrit chaque histoire.

- ● À mon avis cette histoire, c'est celle de David, William et Mabintou parce que...

E. Après avoir identifié les auteurs, posez des questions pour vérifier si leur histoire est vraie. Finalement, choisissez la meilleure de la classe.

- ● Il y a quelques années, en été...
- ○ Tu avais quel âge ?

Tâche ciblée **6**

Découvrez les activités 2.0 sur rond-point.emdl.fr

Découvrez les activités 2.0
sur rond-point.emdl.fr

Formes et ressources 3

8. RENDEZ-VOUS

Par groupes, lisez les activités proposées cette semaine dans votre ville. Mettez-vous d'accord pour en choisir une ensemble.

LOISIRSCOPE

ACCUEIL CINÉMA SPECTACLES MUSIQUE ENFANTS

SOIRÉE JAZZ AVEC LE MARC TINTIGNY QUARTET

VENDREDI 29 À LA SALLE SAINT-GERMAIN

Micropolis :
Venez découvrir le monde des insectes à la Cité des insectes.

Musée entomologique pour l'exploration du monde fascinant des insectes, dans un cadre magnifique de 400 m² d'expositions et 8.000 m² de jardins.

OU LUNDI AU DÉCOUVRE

Confection de pain
Atelier culinaire de 2 h
Mettez la main à la pâte sur les conseils de votre chef boulanger!

TOUS LES SAMEDIS DE 13 H À 17 H

● Ça te dit d'aller au bowling samedi ?
○ Je voulais faire l'atelier de confection de pain.
○ On peut y aller après l'atelier...

LE FUTUR PROCHE
● Qu'est-ce que tu vas faire ce week-end ?
○ Je vais dormir.

SITUER DANS LE TEMPS (2)
● Quand est-ce qu'on va chez Martin ?
○ Samedi soir.
○ (Dans) l'après-midi.
● En soirée / En fin de matinée ?
○ À midi.

INDIQUER UN LIEU
Dans le sud / l'est / l'ouest / le nord de l'Espagne
Au sud / au nord / à l'est / à l'ouest de Paris
À Berlin
Au / Dans le centre de Londres
Au centre-ville
Dans mon quartier / la rue
Pas loin de chez moi
(Tout) près de la fac / du port
(Juste) à côté de la gare / du stade

2 Regards croisés

La passion des polars

Le « polar » ou roman policier a ses partisans inconditionnels en France. D'après différentes statistiques, le roman policier et de suspense occupait, en 2009, la 2e place des lectures préférées des Français.

9. HÉROS DE ROMAN POLICIER

A. Lisez la description de ces personnages de polars. Lequel aimeriez-vous découvrir ? Pourquoi ?

Personnages de polars

Voici deux célébrités de romans noirs.

SAN-ANTONIO
Le hareng perd ses plumes

San Antonio : Commissaire inventé par Frédéric Dard, il détient le record absolu d'apparitions : il figure dans 88 romans. Maigret le décor très français de la plupart de ses affaires, ce personnage est directement inspiré des romans noirs américains : beau gosse, passionné, aventurier, il ne recule devant aucun danger et se sort des situations les plus dangereuses avec brio et toujours un bon mot à la bouche. Il adore les femmes, mais vit avec sa maman à Neuilly.

LE POULPE
ANTOINE CHAINAS
2030 :
L'ODYSSÉE DE LA POISSE

Le Poulpe : De son vrai nom Gabriel Lecouvreur, ce personnage aux bras démesurément longs est la création conjointe de Jean-Bernard Pouy, Serge Quadruppani et Patrick Raynal, qui ont écrit ensemble sa première aventure. C'est un SDF qui cherche des affaires à résoudre pour son propre compte dans les pages « Faits divers » des journaux. L'originalité de la collection, c'est qu'elle sera ensuite écrite par des auteurs différents.

B. Aimez-vous ce genre de roman ? Est-il populaire dans votre pays ?

Un grand classique : Maigret

Jules Maigret est un personnage de fiction, connu dans le monde entier, protagoniste de 75 romans policiers et de 28 nouvelles de Georges Simenon. Cet auteur belge parmi les écrivains francophones les plus traduits dans le monde, et son œuvre est adaptée au cinéma, à la télévision et même en bande dessinée. Voici la couverture et la première page de *Maigret et le fantôme*.

10. TOUJOURS NOIR

A. Remplissez la fiche du personnage de Maigret. Si vous ne trouvez pas les informations demandées, faites des suppositions. Vérifiez-les ensuite en faisant des recherches sur Internet.

○ Nom : Maigret
○ Prénom : Jules
○ Profession : ....
○ État civil : ....
○ Âge : ○ Plutôt 20 ans ?
○ Plutôt 30 ans ?
○ Plutôt 50 ans ?

Maigret
Simenon

Maigret et le fantôme

B. À la lecture de la première page, quels sont les éléments inquiétants qui vous semblent connectés au titre du roman ? Faites-en la liste et comparez avec celle de vos camarades.

C. Dans ce genre de roman, on trouve souvent du lexique argotique. Après avoir écrit le mot en français standard, écrivez les équivalences dans votre langue, s'il y en a.

français		dans votre langue
argot	standard	argot
flic	policier	
fric		
taule		
piquer		
balancer		

B. Chaque groupe prépare une série de six questions. Écrivez-les sous forme de fiches et gardez les réponses sur une feuille séparée. Les questions peuvent porter sur des connaissances que l'on trouve dans le livre, mais aussi dans d'autres, en relation avec les thèmes choisis.

C. À vous de jouer. Attention, lisez bien les règles avant de commencer.

ORTHOGRAPHE

ÉPELEZ LE NOM D'UN OBJET PRÉSENT DANS LA CLASSE.

Règles du jeu

a. Chaque équipe donne son questionnaire au professeur, qui le donnera à un autre groupe.
b. Chaque équipe a 15 minutes pour préparer les réponses.
c. Le porte-parole de chaque équipe lit les questions et les réponses de son groupe.
d. Le professeur dit si la réponse est bonne ou non.
e. Si un groupe ne connaît pas la réponse ou donne une réponse mauvaise, les autres équipes ont alors le droit de donner la réponse.

Décompte des points

Bonne réponse : + 3 points
Réponse donnée à la place d'une autre équipe : + 5 points
Mauvaise réponse : - 3 points

Le français est partout !

Bravo ! Vous êtes arrivés à la fin du parcours que nous vous avons proposé et vous avez déjà un niveau B1. À présent, quel est votre projet ? Comment comptez-vous continuer vos études de français ? Comptez-vous passer un examen officiel ou plutôt aller étudier en France ? Voici quelques pistes pour vous aider à vous repérer dans le monde de la diffusion du français.

Quelques chiffres sur l'enseignement du français

Sur l'ensemble de la population scolaire apprenant le français hors de France, on compte environ 90 millions d'apprenants, et 500 000 enseignants, dont 250 000 en dehors des zones de la francophonie et 250 000 également au sein des zones de la francophonie. L'enseignement du français est en hausse sur le continent africain et au Moyen-Orient, même s'il stagne dans les autres régions du monde.

Quelques faits sur la francophonie

▶ Dans le monde, environ 200 millions de personnes parlent français.
▶ Le français a le statut de langue officielle, seul ou avec d'autres langues, dans 32 États et gouvernements membres de l'Organisation internationale de la Francophonie.
▶ Le continent africain affiche le nombre le plus important de francophones, avec un taux de près de 10 % de sa population globale.
▶ Dans l'Union européenne, le français, en tant que langue maternelle, est en 2e position pour le nombre de locuteurs (16 %), après l'allemand (23,3 %).
▶ Le français est la 3e langue sur le Web avec 5 % de pages Internet, après l'anglais (45 %) et l'allemand (7 %).

Source : D'après l'article *La Francophonie en chiffres*, www.diplomatie.gouv.fr

10. ET ALORS ?

Est-ce que ces données correspondent à ce que vous pensiez ou vous surprennent-elles ? Discutez-en en classe.

Étudier en France

La proportion d'étudiants étrangers reste stable. Les étudiants africains sont toujours en tête des inscriptions dans les universités françaises.

Selon les dernières statistiques disponibles, 216 362 étudiants étrangers se sont inscrits dans les universités françaises pour l'année universitaire 2008-2009. Si l'on ajoute les étudiants inscrits dans d'autres établissements d'enseignement supérieur (écoles d'ingénieurs, de commerce...), le nombre total d'étudiants étrangers en France atteint 266 448, ce qui nous place au 3e rang mondial, derrière les États-Unis et le Royaume-Uni et devant l'Allemagne. La proportion des étudiants étrangers par rapport à l'ensemble de la population étudiante reste stable, les étudiants étrangers représentant 11,9 % de la population étudiante totale.

Par zone géographique, on observe que l'Afrique reste en 2008-2009 la première région d'origine des étudiants étrangers avec la moitié des étudiants (50 %). L'Europe arrive en 2e position avec 25 %. Il faut cependant souligner que les flux d'étudiants Erasmus, qui restent inscrits dans leur établissement d'origine, ne sont pas toujours recensés. L'Asie et l'Océanie viennent ensuite avec 17 % des étudiants étrangers. 8 % viennent d'Amérique (Nord et Sud).

Maîtriser le français

La plupart des établissements supérieurs qui dispensent leur enseignement en français exigent un bon niveau de langue pour les étudiants non francophones. Une épreuve d'évaluation de connaissance de la langue française est organisée au cours du mois de février, à la même date partout dans le monde, soit dans les ambassades de France, soit en France pour les étudiants qui y résident déjà. L'épreuve dure trois heures et comprend deux parties :

▶ La première, commune à tous les candidats, est basée sur l'écoute d'un texte enregistré ou lu par un examinateur, suivie de questions de compréhension et d'une courte rédaction sur un sujet imposé.

▶ La seconde partie est en rapport avec la filière universitaire visée : elle comporte des questions ouvertes et des questions à choix multiples.

▶ Sont dispensés de l'épreuve les ressortissants d'un pays où le français est la langue officielle ainsi que les titulaires du DALF (Diplôme approfondi de langue française, délivré par les Instituts français et les Alliances françaises).

11. GRAPHIQUE

A. À partir des données statistiques du texte, complétez le graphique en camembert de la population étudiante étrangère en France.

B. En plus du DALF, connaissez-vous d'autres diplômes qui certifient un niveau de français ? Avez-vous déjà obtenu un de ces diplômes ?

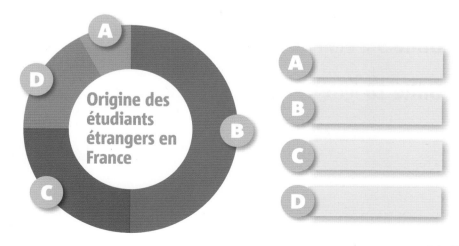

Origine des étudiants étrangers en France

A

B

C

D

1 PETITES ANNONCES

Oh là là ! Elle n'a pas l'air drôle, la prof !

EXPRIMER DES IMPRESSIONS

▶ **Avoir l'air** + un adjectif exprimant une impression.

Il a l'air content.

> **Attention !** En général, on accorde l'adjectif avec le sujet.
>
> *Il a l'air sérieux.*
> *Elle a l'air sérieuse.*

▶ **Trouver** + COD + adjectif.

Je trouve Claire très jolie. (= Je la trouve très jolie.)

DES SENTIMENTS

Pour exprimer des sentiments, on peut avoir recours à des verbes comme **irriter**, **agacer**, **déranger**, etc.

*Le bruit **m'irrite**.*
*La fumée **me dérange**.*
*La pollution **me gêne**.*
*Le maquillage **m'agace**.*
*La tranquillité **m'énerve**.*
*La danse **me plaît**.*

Si le sujet est au pluriel, on doit conjuguer ces verbes à la troisième personne du pluriel.

*Tous ces bruits **m'énervent**.*

Pour mettre en relief l'origine de ce sentiment, on peut le placer en tête de phrase, suivi de **ça**.

*Le bruit, **ça** m'irrite.*
*Les films d'action, **ça** me plaît.*

EXPRIMER L'INTENSITÉ

L'expression de l'intensité peut être transmise de différentes manières. En voici quelques-unes :

▶ **Qu'est-ce que** + sujet / pronom sujet + adjectif

Qu'est-ce que c'est beau !
Qu'est-ce qu'elle est belle !
Qu'est-ce qu'ils sont bons, ces gâteaux !

▶ **Tellement** / **si** + adjectif / adverbe

*Je trouve ce garçon **tellement** beau !* (= Je le trouve tellement beau !)
*C'est une histoire **si** belle !*

Tellement et **si** sont synonymes et parfaitement interchangeables.

*Je le trouve **si** beau !*
*C'est une histoire **tellement** belle !*

Dans une langue moins soutenue, il est courant d'employer **trop** + adjectif / adverbe pour exprimer l'intensité.

*Tu as vu cet acteur ? Il est vraiment **trop** drôle.*
*Je viens de voir le dernier film avec Marion Cotillard. Elle est vraiment **trop** bien dans son rôle.*

DEMANDER UNE CONFIRMATION / CONFIRMER OU INFIRMER UNE INFORMATION

Pour demander confirmation, on peut employer le verbe **confirmer**. La question est normalement formulée au conditionnel.

Vous pourriez me confirmer le rendez-vous de vendredi ?

L'adverbe **bien**, à la suite du verbe, permet également de demander une confirmation.

*Vous êtes **bien** M. Henry ?*
*C'est **bien** le 06 54 56 87 98 ?*

Pour confirmer une information, on peut employer des expressions comme :

Oui, c'est (bien) ça.
C'est exact.
Exactement.
Tout à fait.

Pour infirmer une information, on peut employer des expressions comme :

Non, ce n'est pas ça.
Non, c'est faux.
Pas exactement.
Pas du tout.

LE CONDITIONNEL PRÉSENT

Le conditionnel est un des modes du virtuel, c'est-à-dire que l'action est vue comme possible ou hypothétique. Il permet d'exprimer un désir, de faire une suggestion ou une proposition.

▶ L'expression du désir

Je préférerais habiter avec Sonia.
J'aimerais dîner avec Johnny Depp.
J'adorerais passer une semaine de vacances avec Eminem.

▶ L'expression de la suggestion ou de la proposition.

On pourrait chercher un troisième colocataire.
Il pourrait dormir dans la salle à manger.

Pour demander quelque chose poliment, on emploie le conditionnel.

Est-ce que *tu pourrais* me prêter ton stylo ?
Pourriez-vous me confirmer le rendez-vous de vendredi prochain ?

Pour former le conditionnel (verbes réguliers), il faut prendre l'infinitif auquel on ajoute les terminaisons de l'imparfait.

AIMER			
j'aimer	+ ais	= j'aimerais	[ɛ]
tu aimer	+ ais	= tu aimerais	[ɛ]
il/elle/on aimer	+ ait	= il/elle/on aimerait	[ɛ]
nous aimer	+ ions	= nous aimerions	[jõ]
vous aimer	+ iez	= vous aimeriez	[je]
ils/elles aimer	+ aient	= ils/elles aimeraient	[ɛ]

Remarque : **ai** peut se prononcer [e] ou [ɛ], en fonction des mots et des aires linguistiques.

Quelle horreur ! Et elle voudrait être chanteuse...

VERBES RÉGULIERS		
rencontrer	rencontrer	-ais
inviter	inviter	-ais
sortir	sortir	-ait
préférer	préférer	-ions
écrire	écrir	-iez
prendre	prendr-	-aient

VERBES IRRÉGULIERS		
être	ser-	
avoir	aur-	
faire	fer-	
savoir	saur-	-ais
aller	ir-	-ais
pouvoir	pourr-	-ait
devoir	devr-	-ions
voir	verr-	-iez
vouloir	voudr-	-aient
venir	viendr-	
valoir	vaudr-	

2 RETOUR VERS LE PASSÉ

L'IMPARFAIT

L'imparfait est un temps du passé. Il sert à parler des habitudes, d'une action en cours, des circonstances d'un événement qu'on situe dans le passé, proche ou lointain, sans en signaler ni le début ni la fin.

▶ Parler des habitudes
*À cette époque-là, **elle se levait** tous les jours à 6 heures du matin.*

▶ Décrire une action en cours (interrompue par une autre au passé composé)
***Je regardais** la télé quand le téléphone a sonné.*

▶ Décrire les circonstances d'un événement
*Il n'est pas venu en classe parce qu'**il était** malade.*

La formation de l'imparfait

Pour former l'imparfait, on prend comme base la première personne du pluriel du présent de l'indicatif à laquelle on supprime la terminaison. On obtient ainsi le radical de l'imparfait auquel il suffit d'ajouter les terminaisons propres à l'imparfait (toujours les mêmes, pour tous les verbes).

INFINITIF	PRÉSENT	IMPARFAIT
dormir	nous dormons	je dormais [ɛ]
		tu dormais [ɛ]
		il/elle/on dormait [ɛ]
		nous dormions [jɔ̃]
		vous dormiez [je]
		ils/elles dormaient [ɛ]

La mode ce n'est plus ce que c'était.

Attention ! Le seul verbe qui ne suit pas cette règle est l'auxiliaire **être**.

ÊTRE
j'étais
tu étais
il/elle/on était
nous étions
vous étiez
ils/elles étaient

LE PASSÉ COMPOSÉ

Le passé composé est un temps du passé. Il sert à commenter une action, un fait ou un événement qu'on situe dans le passé, proche ou lointain, et qui est achevé au moment où on en parle.

- ● *Tu **as étudié** l'espagnol ?*
- ○ *Oui, pendant trois ans.*

*Les ancêtres de l'homme **ont quitté** l'Afrique il y a plus d'un million d'années.*
*Les Européens **sont arrivés** en Amérique en 1492.*

On le forme avec les auxiliaires **avoir** ou **être** au présent de l'indicatif, suivis d'un verbe au participe passé.

*J'**ai passé** une semaine chez mes amis français.*
***Nous sommes allés** au Québec pendant les vacances d'été.*

À la forme négative, on intercale le deuxième élément de la négation entre l'auxiliaire et le participe passé.

- ● *Et Pierre, il est venu ?*
- ○ *Non, je **ne** l'ai **pas** vu.*

Le participe passé

Pour bien conjuguer au passé composé, il est important de connaître le participe passé des verbes.
Il existe huit terminaisons de participes passés, mais on n'en distingue que cinq à l'oral.

-é	[e]	*Lulu et moi, on s'est rencontr**é** à Londres.*
-i	[i]	*Je n'ai pas fin**i** mon travail.*
-it	[i]	*Julien a condu**it** toute la nuit.*
-is	[i]	*Ils ont pr**is** le train de nuit.*
-ert	[ɛr]	*Mes amis m'ont off**ert** un super cadeau.*
-u	[y]	*Vous avez l**u** le dernier roman de Nothomb ?*
-eint	[ɛ̃]	*Qui a p**eint** la Joconde ?*
-aint	[ɛ̃]	*Un client s'est pl**aint** au directeur de la revue.*

Attention ! Faites bien la différence entre le présent et le passé composé.

je [ə] finis / j'ai [ɛ] fini – je [ə] fais / j'ai [ɛ] fait – je [ə] dis / j'ai [ɛ] dit

Le choix de l'auxiliaire

Au passé composé, on conjugue la plupart des verbes avec l'auxiliaire **avoir**, mais il faut savoir qu'on conjugue avec **être** tous les verbes pronominaux (**se lever, s'habiller**…) et une liste de 16 verbes (**naître, mourir, partir, aller, rester, tomber, (re)/(de)venir, arriver, sortir*, (r)entrer*, retourner*, descendre*, monter*, passer***).
* Si ces verbes sont suivis d'un complément d'objet direct, on les conjugue avec **avoir**.

Je suis sorti avec mes amis.
J'ai sorti les livres de mon cartable.

L'accord du participe

Avec **être**, on accorde le participe passé en genre et en nombre, comme un adjectif.

*Alain **est** rentré cette nuit à une heure du matin.*
*Elle **est** rentrée à 8 heures chez elle hier soir.*
*René et Thierry **sont** rentrés à 11 heures du soir.*
*Estelle et Julie **sont** rentrées à 10 heures du soir.*

Avec **avoir**, on ne fait l'accord qu'avec le COD s'il est placé avant le verbe.

- *Elle est jolie cette chemise !*
- *Oui, c'est une chemise en soie que j'**ai** achetée en Chine.*

La place des adverbes

En général, on place les adverbes après l'auxiliaire.

	encore	
	beaucoup	
Il (n') a (pas)	trop	travaillé.
	assez	dormi.
	bien	bu.
	mal	

J'ai passé d'excellentes vacances. Je suis passé par dix villes différentes en dix jours !

Eh ben, quelles vacances !

La concordance des temps : passé composé / imparfait

Quand on combine l'imparfait et le passé composé, il s'agit souvent d'indiquer qu'une action en cours (imparfait) est interrompue par une autre action du passé (passé composé).

Je regardais la télé / J'étais en train de regarder* la télé quand mon portable a sonné.

***Être en train de** + infinitif : cette locution verbale permet de renforcer l'idée de continuité d'une action. On utilise cependant beaucoup moins cette construction en français que dans d'autres langues (anglais, espagnol…).

SITUER DANS LE TEMPS (1)

Les expressions de temps se trouvent généralement en tête de phrase et sont suivies d'une virgule.

Hier,	
Hier matin,	
Hier soir,	
Avant-hier,	*je suis allé(e) au cinéma.*
Ce matin,	
Cet après-midi,	
Dimanche, lundi, mardi...	
Vers 7 h 30,	
À 20 heures environ,	

Pour préciser qu'il s'agit d'un moment de la journée en cours, on utilise les adjectifs démonstratifs **ce**, **cet** et **cette**.

Ce *matin*
Ce *midi*
Cet *après-midi*
Ce *soir*
Cette *nuit*

● *Quand est-ce qu'elle est partie ?*
○ **Ce matin***.*
● *Et quand est-ce qu'elle va rentrer ?*
○ **Cette nuit***.*

Dimanche / lundi / mardi / mercredi*... j'ai joué au football.*

Pour annoncer l'heure exacte à laquelle quelque chose a (eu) lieu, on utilise la préposition **à**.

● *À quelle heure commence le film ?*
○ **À** *dix heures trente.*

Pour indiquer l'heure approximative d'un événement :

● *À quelle heure est-ce que vous êtes sorti hier soir ?*
○ *Vers 19 heures.*
○ *À 20 heures environ.*
○ *Il était environ minuit.*
○ *Il devait être 5 heures et demi.*

LA SUCCESSION DES ÉVÉNEMENTS

Des mots comme **d'abord**, **ensuite**, **puis**, **après** et **enfin** indiquent la succession des événements dans un récit.

> **D'abord**, j'ai pris mon petit déjeuner.
> **Ensuite**, je me suis douché.
> **Puis**, je me suis habillé.
> **Après**, je suis sorti.
> Et **puis**, j'ai pris l'autobus.
> **Enfin**, je suis arrivé au travail.

Un moment antérieur

▶ **Avant** + nom

> **Avant** les examens, j'étais très nerveuse.

▶ **Avant de** + infinitif

> **Avant de** passer mes examens, j'étais très nerveuse.

Un moment postérieur

▶ **Après** + nom

> **Après le déjeuner**, ils ont joué aux cartes.

▶ **Après** + infinitif passé

> **Après avoir déjeuné**, ils ont joué aux cartes.

L'infinitif passé se forme avec l'auxiliaire **être** ou **avoir** à l'infinitif suivi du participe passé du verbe.

> J'ai décidé de devenir médecin après **avoir vu** le film Johnny s'en va-t-en guerre de Dalton Trumbo.

> Après **être montés** jusqu'au sommet du Mont-Blanc, à 4 807 mètres d'altitude, ils sont redescendus jusqu'à Chamonix.

Avant de parler, il faut tourner sept fois sa langue dans sa bouche !

3 ET SI ON SORTAIT ?

LE FUTUR

En français, pour exprimer le futur, on peut utiliser :

▶ le présent, accompagné d'une expression de temps.
*Demain, **je vais** au théâtre avec Delphine.*

▶ le futur simple.
*Ce film **sortira** mercredi dans les salles.*

▶ le futur proche.
*Comme il est tard, **nous allons prendre** un taxi pour rentrer.*

LE FUTUR PROCHE

Le futur proche sert à exprimer une action perçue comme étant inéluctable. Même si on parle de futur « proche », il peut indiquer une action plus lointaine dans le temps.

*L'année prochaine, **nous allons nous installer** au Québec.*

Actuellement, on constate que le futur proche a tendance à remplacer le futur simple, surtout à l'oral.

Formation

Pour former le futur proche, on conjugue le verbe **aller** au présent de l'indicatif suivi de l'infinitif du verbe.

*Je sens que **je vais adorer** ce spectacle !*

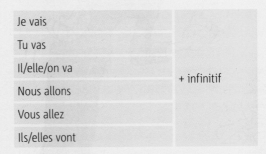

Je vais	
Tu vas	
Il/elle/on va	+ infinitif
Nous allons	
Vous allez	
Ils/elles vont	

À la forme négative, on place **aller** entre les deux éléments de la négation.

*Rien qu'au titre, je sens que **je ne vais pas aimer** ce film !*

DÉCRIRE ET ÉVALUER QUELQUE CHOSE

- *Ce film, c'était nul !*
- *Mais non ! C'était génial !*

Ce spectacle de danse, c'était très original, tu ne trouves pas ?

Pour insister sur l'appréciation, on peut répéter plusieurs fois **très** ou utiliser **vraiment**.

- *Ce concert de musique, c'était **vraiment** génial !*
- *Ah, oui ? Tu trouves ?*
- *Oui, vraiment **très très** chouette.*

On peut aussi dire :
C'était très bien hier en discothèque !

Pour donner une opinion plus tempérée :
C'était pas mal. J'ai bien aimé.

PROPOSER, SUGGÉRER QUELQUE CHOSE

On peut employer plusieurs structures pour proposer à quelqu'un de faire quelque chose.

▶ **Ça me / te / lui / nous / vous / leur dit de / d'** + infinitif **?**

- ***Ça te dit d'aller prendre** un verre ?*
- *Oui, **ça me dit** bien.*

***Ça te dit d'aller** au ciné ?*
***Ça vous dit de faire** du ski ?*
***Ça lui dit d'aller** manger une pizza ?*
***Ça leur dit de visiter** un musée ?*

Une façon délicate de faire une proposition sans brusquer l'interlocuteur est d'utiliser le conditionnel.

*Ça te **dirait** de venir chez moi demain ?*

▶ **Si on** + imparfait **?**

Pour inciter quelqu'un à faire quelque chose ou lui proposer de faire quelque chose avec vous.

- *Et **si on allait** au cinéma ce soir ?**
- *Oui, d'accord, à quelle heure ?*

*Le **on** a ici la signification de **nous**, mais il se conjugue à la troisième personne du singulier.

ACCEPTER OU REFUSER UNE PROPOSITION

▶ Pour accepter :
Volontiers !
(C'est) D'accord !
(C'est) Entendu !

Si on hésite, on peut avoir recours à **pourquoi pas ?**
- *On va au cinéma ce soir ?*
- *D'accord, **pourquoi pas ?***

▶ Pour refuser :

	je ne suis pas libre.
	je ne suis pas là.
(Je suis) désolé(e), mais	*je ne peux pas.*
	j'ai beaucoup de travail.
	je n'ai pas le temps.

En français, pour refuser une proposition, on ne dit pas **non** directement mais on accompagne ce refus d'une excuse pour le justifier.

Je peux compter sur vous pour garder mon petit chien ?

Désolé, je suis allergique...

Je ne peux pas, mon appartement est trop petit.

INDIQUER UN LIEU

Pour situer / se situer dans l'espace ou indiquer un lieu, on emploie des prépositions ou des locutions prépositionnelles qui varient selon l'espace en question.

- *Ce théâtre se trouve **dans** une petite rue derrière la place.*
- *C'est curieux, nous sommes passés **dans** cette rue mais nous ne l'avons pas vu.*

Dans le sud / l'est / l'ouest / le nord de l'Espagne
Au sud / au nord / à l'est / à l'ouest de Paris
À Berlin
Au / Dans le centre de Londres
Au centre-ville
Dans mon quartier / la rue
Pas loin de chez moi
(Tout) près de la fac / du port
(Juste) à côté de la gare / du stade
Sur le boulevard / la place du marché
À la piscine / Au Café des sports
Au 3 rue de la Précision
En face de la gare
Au bord de la mer / de la Garonne

- *Je vous recommande la pizzeria « Chez Geppeto ».*
- *Ah bon ? C'est où ?*
- ***Tout près de** chez moi, place de la Fontaine.*

> **Attention ! Dans le sud / Au sud de**
>
> *Montpellier se trouve **dans le sud** de la France mais Barcelone se trouve **au sud de** la France.*

SITUER DANS LE TEMPS (2)

Les jours de la semaine

On emploie les jours de la semaine sans article pour se référer au jour qui précède ou qui arrive. Pour être plus précis, on peut l'accompagner de **dernier** ou de **prochain**.

> **Samedi** (**dernier**), je suis allé au cinéma.
> **Samedi** (**prochain**), je vais au cinéma.

On emploie les jours de la semaine précédés d'un article déterminé pour exprimer l'habitude.

> En France, les enfants n'ont généralement pas cours **le mercredi**.

Les moments de la journée

En français, on découpe traditionnellement la journée (durée d'un jour), en quatre périodes :

▶ Le matin (jusqu'à 12 h ou midi).

▶ L'après-midi (à partir de 12 h ou midi)

▶ Le soir (le soir commence plus ou moins tôt, selon la saison, la région et les personnes. Généralement, il commence vers 18 h et finit à minuit)

▶ La nuit (période où il fait noir, qui peut coïncider avec une partie du matin ou du soir).

> **Le matin**, je me lève vers sept heures.
> **L'après-midi**, je rentre du travail vers dix-sept heures.
> **Le soir**, je me couche après vers onze heures.
> **La nuit**, je me lève souvent pour donner le biberon.

Précédés d'un jour de la semaine, ces moments s'emploient sans article :

> **Mercredi après-midi**, nous allons voir un spectacle de marionnettes avec les enfants.

Si on veut insister plus sur la durée, on emploie **la matinée** et **la soirée**. **L'après-midi** exprime aussi bien le moment que la durée.

> ● *Votre commande sera livrée **dans la matinée**, ça vous convient ?*
> ○ *Oui, mais seulement **en début de matinée** car je vais sortir à dix heures.*

> *Nous avons passé une excellente **soirée** : après le cinéma, nous sommes allés prendre un verre.*

Attention ! Dans le monde du spectacle, la matinée désigne une séance qui a lieu l'après-midi.

La nuitée s'emploie uniquement pour parler d'une nuit passée à l'hôtel ou au camping.

4 SOCIÉTÉ EN RÉSEAU

EXPRIMER UN POINT DE VUE

Pour introduire une opinion, on peut employer différentes formules.

Placées en tête de phrase, suivies d'une virgule, on peut employer des expressions telles que :

À mon avis,	
D'après moi,	+ indicatif
Selon moi,	

À mon avis, *nos libertés sont remises en cause par l'omniprésence de la technologie.*

On peut aussi formuler un point de vue avec un verbe d'opinion.

Je pense que	+ indicatif
Je crois que	
Je ne pense pas que	+ subjonctif
Je ne crois pas que	

Je pense qu'Internet **est / sera** *de plus en plus présent dans nos vies.*
Je ne pense pas qu'il soit *bon de trop faire confiance à la technologie.*

▶ Prendre position
Je suis pour / contre l'installation de caméras dans les rues.

▶ Exprimer son accord / son désaccord
Je suis d'accord / Je ne suis pas d'accord avec vous / avec ce que vous dites / avec ça.
Je suis en accord / Je suis en désaccord avec vous.
Je partage / Je ne partage pas ton avis / opinion.

Pour nuancer ces expressions, on peut employer **pas du tout**, **absolument**, **totalement**, **tout à fait**.

▶ Montrer une totale adhésion à une opinion :
Je suis tout à fait / absolument d'accord avec ce que tu dis.

▶ Montrer un rejet total à une opinion :
Je ne partage absolument pas / pas du tout ce point de vue.

▶ Pour exprimer son désaccord plus poliment :
Je ne suis pas vraiment / tout à fait de votre avis.

On peut aussi exprimer son désaccord plus poliment en reprenant d'abord les arguments de l'interlocuteur pour ensuite les nuancer ou les rejeter.

C'est vrai, mais...
Il est vrai que..., mais...
Certes, ... mais...

Certes, / Il est vrai / C'est vrai que *les nouvelles technologies nous facilitent la vie,* **mais** *elles sont trop envahissantes !*

On peut renforcer une opinion ou une prise de position en ajoutant **personnellement** ou le pronom personnel **moi** en tête de phrase (à l'oral, on peut combiner les deux même si cette combinaison est critiquée).

Personnellement / Moi, *je pense que la technologie devient envahissante.*

LES EXPRESSIONS QUI ORGANISENT LE DÉBAT

On sait que *le tabac est mauvais pour la santé.*	On présente un fait que l'on considère admis par tout le monde.
En tant que *médecin, je dois dire que...*	On situe un point de vue depuis un domaine de connaissance ou d'expérience.
Par rapport à *l'interdiction de fumer dans les restaurants, je pense que...*	On signale le sujet ou le domaine dont on veut parler.
D'une part, *les jeunes ne sont pas assez informés sur les risques du tabac,* **d'autre part...**	On présente deux aspects d'un sujet, d'un fait ou d'un problème.
Interdire n'est pas la bonne solution. **D'ailleurs,** *l'histoire l'a très souvent démontré.*	On justifie, développe ou renforce l'argument ou le point de vue qui précèdent.
Une meilleure communication intergénérations serait souhaitable, **c'est-à-dire que** *les parents parlent avec leurs enfants.*	On introduit ou développe une explication.
Augmenter le prix du tabac pour réduire la consommation ne sert à rien. **En effet,** *les ventes continuent d'augmenter régulièrement.*	On confirme et renforce l'idée qui vient d'être présentée. Dans un dialogue, son usage est aussi une marque d'accord avec l'idée énoncée par l'interlocuteur.
Les gens continueront à fumer **même si** *le prix du tabac augmente beaucoup.*	On introduit une probabilité que l'on rejette.
Fumer est dangereux, **car** *des particules de goudron se fixent dans les poumons et...*	On introduit une cause que l'on suppose inconnue de l'interlocuteur.
Le tabac est en vente dans des distributeurs automatiques, **par conséquent,** *il est très facile pour un mineur d'en acheter.*	On introduit la conséquence logique de quelque chose.
La cigarette est mauvaise pour la santé, **par contre,** *un bon cigare de temps en temps ne fait pas de mal.*	On introduit une idée ou un fait qui contraste avec ce qu'on a dit précédemment.

LE PRÉSENT DU SUBJONCTIF

Formation

▶ La formation des verbes réguliers

Les trois personnes du singulier et la troisième personne du pluriel du présent du subjonctif se forment sur le radical de la troisième personne du pluriel du présent de l'indicatif.

DEVOIR	
PRÉSENT DE L'INDICATIF	SUBJONCTIF
ils doiv-ent	*que je doiv-e* *que tu doiv-es* *qu'il/elle/on doiv-e* *qu' ils/elles doiv-ent*

Les première et deuxième personnes du pluriel sont identiques à celles de l'imparfait.

DEVOIR	
IMPARFAIT	SUBJONCTIF
nous devions *vous deviez*	*que nous devions* *que vous deviez*

▶ La formation des verbes irréguliers
Les verbes **être**, **avoir**, **aller**, **savoir**, **pouvoir**, **valoir**, **vouloir** et **falloir** sont irréguliers.

Emploi

L'emploi du présent du subjonctif annonce qu'un processus est :

▶ nécessaire, souhaitable, possible. Dans ce cas, il est introduit par certains verbes (**falloir**, **vouloir**, **souhaiter**...) ou certaines locutions (**pour que**, **afin que**).

   Pour que tu aies *une réduction,* ***il faut que tu réunisses*** *au moins 10 points.*

▶ incertain, douteux, probable ou peu probable. Certains verbes ou formes verbales qui expriment l'incertitude, le doute, l'improbabilité (**ne pas être sûr que**, **douter**, **ne pas penser que**, **ne pas croire que**, **être probable que**, **être peu probable que**...).

   Je ne suis pas sûr qu'il puisse *venir à la fête.*
   Il est probable que nous venions *avec les enfants.*

> **Attention !** Si le sujet de la principale est le même que celui de la subordonnée, on n'emploiera pas le subjonctif mais l'infinitif :
>
>   ***Je ne suis pas sûr de pouvoir*** *venir à la fête.*

LE PRONOM RELATIF DONT

Dont est un pronom relatif qui remplace un groupe de mots introduit par la préposition **de / d'**.

▶ Il peut être complément du nom.

*Je connais un garçon **dont** le père est animateur à la télé.*
   (= Le père de ce garçon est animateur.)

S'il est complément du nom, **dont** est toujours suivi des articles définis **le**, **la** ou **les**.

- ● *Mais de qui tu parles ?*
- ○ *De la fille **dont les** parents ont un restaurant sur les Champs-Élysées.*

▶ Il peut être complément prépositionnel d'un verbe accompagné de la préposition **de**.

*C'est une chose **dont** on parle souvent.* (= On parle de la télévision.)

- ● *Et si on allait au Japon cet été ?*
- ○ *Fantastique ! C'est un voyage **dont** je rêve depuis des années.* (= Je rêve de faire un voyage au Japon.)

5 PORTRAITS CROISÉS

LES PRONOMS COD ET COI

Les pronoms COD (complément d'objet direct)

Un pronom COD remplace un nom ou un groupe nominal qui a déjà été mentionné ou qui est identifiable grâce au contexte. Il contribue à alléger le discours car il permet d'éviter des répétitions lourdes et inutiles.

Le COD et le pronom COD représentent l'objet, l'animal, la personne, l'idée ou le concept sur lesquels porte l'action du verbe.

- Est-ce que tu regardes souvent la télé ?
- ○ Non, je **la** regarde un peu le soir, mais je préfère aller sur Internet.

Attention ! Pour reconnaître un COD, on doit s'assurer qu'aucune préposition ne le relie au verbe dont il dépend.

	me/m'	
	te/t'	
	le/l'	regarde (pas).
Il (ne)	la/l'	écoute (pas). comprend (pas).
	nous	aide (pas). aime (pas).
	vous	
	les	

Mais tu ne fais jamais attention où tu mets les pieds !

Mais si, je regarde toujours où je les mets.

À l'impératif affirmatif, les pronoms COD se placent juste après le verbe suivi d'un tiret.

	-moi !
	-toi !
Regarde(z)	-le !
Lève(z)	-la !
Aide(z)	-nous !
	-vous !
	-les !

Les pronoms COI (complément d'objet direct)

Un pronom COI remplace un nom ou un groupe nominal qui a déjà été mentionné ou qui est identifiable grâce au contexte. Il contribue à alléger le discours car il permet d'éviter des répétitions lourdes et inutiles.

Le COI et le pronom COI représentent l'objet, l'animal, la personne, l'idée ou le concept destinataires de l'action réalisée par le sujet.

- ● *Tu as téléphoné à Pierre ?*
- ○ *Non, je vais **lui** téléphoner après manger.*

> **Attention !** Pour reconnaître un COI, on doit s'assurer que la préposition **à** le relie au verbe dont il dépend et qu'elle n'introduit pas un lieu.

Il (ne)	me/m'	
	te/t'	téléphone (pas).
	lui	offre (pas).
	nous	dit (pas).
	vous	explique (pas).
	leur	parle (pas).

À l'impératif affirmatif, les pronoms COD se placent juste après le verbe suivi d'un tiret.

Parle(z) Donne(z)	-moi !
	-toi !
	-lui !
	-nous !
	-vous !
	-leur !

À l'oral, on utilise souvent les pronoms COD et COI avant même d'avoir mentionné l'élément auquel ils se réfèrent.

*Alors, tu **les** as faits tes devoirs ?*
*Qu'est-ce que tu **lui** as acheté à maman pour son anniversaire ?*

Avec certains verbes, les pronoms qui représentent une personne sont toujours à la forme tonique : **moi**, **toi**, **lui**, **elle**, **nous**, **vous**, **eux**, **elles**.

- ● *Tes parents te manquent beaucoup ?*
- ○ *Oui, je pense souvent à **eux**.*

- ● *J'ai rencontré Élisabeth au supermarché.*
- ○ *Ah justement, je pensais à **elle** ce matin.*

- ● *Je vais faire une course, tu veux bien t'occuper de ton petit frère ?*
- ○ *D'accord, je m'occupe de **lui**.*

LES DOUBLES PRONOMS

On peut parfois combiner les pronoms COD et COI entre eux.

Si on combine un pronom COD et un pronom COI de troisième personne, l'ordre de cette combinaison doit être le suivant : COD + COI.

> *Donne-**le lui** !*
> *Donne-**la leur** !*

> *Ne **le lui** donne pas !*
> *Je **la leur** donne.*
> *Je ne peux pas **la lui** donner.*

Si on combine un pronom COD et un pronom COI à une autre personne que la troisième, l'ordre de cette combinaison doit être le suivant : COI + COD.

> *Ne **me le** donne pas !*
> *Ne **nous les** donne pas !*
> *Je peux **vous la** donner.*

Attention ! Dans ce cas, à l'impératif, l'ordre des pronoms doit être COD + COI :

> *Donne-**le moi** !*
> *Donne-**les nous** !*

Aux temps composés, les pronoms se placent avant l'auxiliaire.

> *J'ai donné la montre à Pierre.*
> *Je **l'**ai donnée à Pierre.*
> *Je **lui** ai donné la montre.*
> *Je **la lui** ai donnée.*

> *J'avais donné la montre à Pierre.*
> *Je **l'**avais donnée à Pierre.*
> *Je **lui** avais donné la montre.*
> *Je **la lui** avais donnée.*

Attention ! Le participe passé s'accorde avec le pronom COD placé avant.

> *La vérité, je **la lui** ai dit**e**.*

L'EXPRESSION DE L'HYPOTHÈSE (1)

Si permet d'introduire une hypothèse.

▶ **Si** + présent / futur.

- *Si l'un de vous tombe malade ?*
- ○ *Si l'un de nous tombe malade, l'autre le soignera.*

▶ **Si** + imparfait / conditionnel présent.

- *Si vous gagniez beaucoup d'argent à la loterie, qu'est-ce que vous feriez ?*
- ○ *Je ferais le tour du monde.*

6 QUAND TOUT À COUP...

LE PLUS-QUE-PARFAIT

Formation

Comme tous les temps composés, le plus-que-parfait est formé de l'auxiliaire (**être** ou **avoir**) suivi du participe passé. L'auxiliaire est à l'imparfait.

Le choix de l'auxiliaire suit la même règle que celle du passé composé.

j'avais			j'étais		je m'étais	
tu avais	fait		tu étais		tu t'étais	
il/elle/on avait	acheté dormi		il/elle/on était	allé/e/s arrivé/e/s	il/elle/on s'était	réveillé/e/s perdu/e/s
nous avions	vu lu		nous étions	sorti/e/s entré/e/s	nous nous étions	assis/e/s
vous aviez	peint		vous étiez		vous vous étiez	
ils/elles avaient			ils/elles étaient		ils/elles s'étaient	

Emploi

On emploie le plus-que-parfait pour exprimer, dans le passé, une action antérieure à une autre.

> **_Nous avions_** déjà **pris** le dessert quand Pierre et Maryse sont arrivés.
> (= L'action de terminer le dessert précède l'arrivée du couple.)

> J'ai changé le livre qu'on m'a offert parce que **je** l'**avais** déjà **lu**.
> (= La lecture du livre précède le cadeau.)

Et je pensais que j'avais bien lu les instructions...

RACONTER UN SOUVENIR, UNE ANECDOTE

On peut raconter une histoire sous la forme d'une succession d'événements au passé composé.
Il a fait ses valises, il est allé à l'aéroport...

On explique alors les circonstances qui entourent un événement au moyen de l'imparfait.
Il est parti en vacances. Il était très fatigué et avait très envie de se reposer sans penser au travail.

On utilise le plus-que-parfait pour parler des circonstances qui précèdent l'événement.
Il était très fatigué parce qu'il avait passé quelques mois très difficiles, alors il a décidé de partir en vacances.

On utilise aussi le plus-que-parfait quand on n'a pas raconté dans l'ordre chronologique tous les événements d'un récit et que l'on fait un retour en arrière.

- ● *Tu es contente de ta nouvelle voiture ?*
- ○ *Oui très ! Il y a plein de gadgets pour garantir la sécurité. Par exemple, ce matin, je m'assoise au volant, je vérifie tous mes rétroviseurs, je démarre et, à ce moment-là, j'entends un bip sonore et une lumière rouge se met à clignoter. Je n'avais pas mis la ceinture de sécurité ! Alors, j'accroche ma ceinture, je passe en première puis j'appuie sur l'accélérateur et, de nouveau, j'entends un bip et une autre lumière rouge s'allume !*
- ● *C'était quoi ?*
- ○ *Je n'avais pas desserré le frein à main !*

LA VOIX PASSIVE

Formation

La voix passive se construit avec **être** + participe passé. Le temps verbal est indiqué par l'auxiliaire **être** et le participe passé s'accorde en genre et en nombre avec le sujet.

*L'aéroport **sera dessiné** par Jean Nouvel.*
*L'église **a été dessinée** par un grand architecte.*
*Les ponts **sont dessinés** par des ingénieurs.*

Emploi

Elle permet de mettre en avant l'objet sur lequel porte une action. Cette action est réalisé par un « agent » qu'introduit la préposition **par**.
*Ce spectacle est financé **par la mairie**. (= La mairie finance ce spectacle.)*

L'agent peut être implicite.
Les meilleures élèves ont été récompensées. (= On ne précise pas par qui ou par quelle institution.)

Attention ! En français, si le sujet est implicite, le pronom **on** remplace souvent une voix passive.

***On** n'emploie pas ce mot. = Ce mot n'est pas employé.*

SITUER DANS LE TEMPS (3)

Pour raconter un souvenir, une anecdote, etc., on utilise des marqueurs temporels qui permettent de situer ce type de récits dans le temps.

Certains marqueurs temporels (**un jour**, **ce jour-là**, **à cette époque-là**) permettent de situer un événement dans un passé relativement lointain (ou perçu comme tel par la personne qui le rapporte).

>*Un jour*, *mon père est arrivé à la maison avec un énorme paquet...*
>*Lucien est arrivé à Paris le 12 août 1994.* *Ce jour-là*, *il avait plu toute la journée...*
>*À cette époque-là*, *il n'y avait de téléphone portable...*

D'autres (**l'autre jour**, **la semaine dernière**...) permettent de situer un événement dans un passé relativement proche (ou perçu comme tel par la personne qui le rapporte).

>*L'autre jour*, *je me rendais au travail quand j'ai vu...*

Il y a (**environ**) **une semaine** / **un mois** / **un an** permet d'indiquer le temps qui sépare l'événement du moment où on le rapporte.

>*Il y a un an*, *nous sommes allés en vacances aux îles Canaries.*

Pour marquer l'antériorité, on peut renforcer le plus-que-parfait à l'aide de marqueurs comme **auparavant**.

>*Le dimanche, nous sommes allés ensemble au cinéma pour la première.* *Auparavant*, *nous avions eu*
>   *l'occasion de boire un verre en sortant du bureau.*

D'autres permettent de marquer un événement inattendu (**soudain**, **tout à coup**).

>*Nous dînions tranquillement quand* *tout à coup* *nous avons entendu un grand bruit dans le jardin.*

7 CHANGER POUR AVANCER

LE PRONOM EN

Le pronom **en** remplace :

▶ un lieu introduit par la préposition **de** (qui indique la provenance).

- ● *Tu vas à Paris cette semaine ?*
- ○ *Non, j'**en** viens.* (= Je viens de Paris.)

▶ un complément d'objet direct introduit par un article indéfini (**un**, **une**, **des**) ou un article partitif (**du**, **de la**, **de l'**, **des**).

- ● *Tu veux un café ?*
- ○ *Oui, j'**en** veux bien un.*

- ● *Tu prends un livre pour le voyage ?*
- ○ *Non, je n'**en** prends pas. Je préfère écouter de la musique.*

- ● *Est-ce que tu bois du café avant de te coucher ?*
- ○ *Non, je n'**en** bois jamais sinon je n'arrive pas à m'endormir !*

▶ un complément du verbe introduit par **de**.

- ● *Tu as parlé de tes problèmes à tes parents ?*
- ○ *Non, je n'**en** ai parlé qu'à mon frère.*

> **Attention !** Si ce complément introduit une personne, on ne peut pas le pronominaliser avec **en**. On doit maintenir la préposition **de** + pronom personnel tonique.
>
> *Elle t'a parlé de son nouveau copain ?*
> *Non, elle ne m'a pas encore parlé **de lui**. Comment il s'appelle ?*

▶ un complément de l'adjectif introduit par **de**.

- ● *Je ne suis pas satisfait de ces résultats.*
- ○ *Et pourquoi tu n'**en** es pas satisfait ?*

Paul, n'oublie pas de t'occuper de mes plantes !

Oui, oui, je m'en occupe. Ne t'inquiète pas...

SITUER DANS L'ESPACE (2)

Pour situer un lieu (ville, région, pays, montagne...) dans l'espace, on doit employer des prépositions ou des locutions prépositionnelles qui varient selon ce lieu.

▶ **À** : pour situer une ville.
*C'est **à** Tours que j'ai appris le français.*

▶ **Au** : pour situer un pays masculin.
*Elle a enseigné le français **au** Venezuela.*

▶ **Au fond du val / de la vallée**
*Le village est **au fond de la vallée**.*

▶ **Au bord du lac / de l'océan / de la falaise**
*Nous avons mangé dans un restaurant **au bord du lac**.*

▶ **Aux** : pour situer un pays au pluriel ou un archipel.
*Il a travaillé **aux** États-Unis pendant 10 ans.*
***Aux** Seychelles, on parle créole, anglais et français.*

▶ **Dans** : pour situer une montagne.
*Tous les hivers, il va skier **dans** les Alpes.*

▶ **Dans le(s)** : pour situer une région.
*Nice, c'est **dans le Vaucluse**.*
*J'ai passé mes vacances **dans les Cévennes**.*

▶ **En** : pour situer une région, un pays féminin ou un pays masculin commençant par une voyelle.
*Quimper, c'est **en Bretagne**.*
*Bruxelles est **en Belgique**.*
*Montevideo est **en Uruguay**.*

▶ **Sur la côte / les bords / les quais / les rives**
*Perros-Guirrec se trouve **sur la côte** de granit rose.*
*J'aime faire du vélo **sur les rives** du canal.*

> Tiens, papa. Je peux prendre ta voiture pour aller au bord du lac avec Julie ?

SITUER DANS LE TEMPS (4)

Pour se projeter dans l'avenir, on peut employer le préposition **dans** + indication temporelle.

> *Nous nous sommes donné rendez-vous **dans dix ans**.*
> ***Dans une semaine**, nous serons en vacances !*

VERBES DE SENTIMENT + SUBJONCTIF (1)

Les verbes et locutions verbales qui expriment un sentiment sont suivis :

▶ de **de** + infinitif si le sujet de la phrase principale est le même que celui de la subordonnée.
***Je crains de ne pas pouvoir** terminer l'examen à temps.*

▶ du subjonctif si le sujet de la phrase principale et celui de la subordonnée sont différents.
***Je crains que tu ne puisses** terminer l'examen à temps.*

LA POSSIBILITÉ / LA PROBABILITÉ

Les locutions qui indiquent la possibilité sont suivies du subjonctif.

Il est / C'est (peu, très, fort) possible que	
Il est impossible / C'est impossible que	+ subjonctif
Il est / C'est (peu, très, fort) probable que	
Il est / C'est improbable que	

> ***C'est impossible que tu finisses** ce travail dans les délais.*
> ***Il est peu probable qu'il pleuve** en août.*

On peut aussi exprimer la possibilité avec une forme infinitive.

> ***Il est possible de parcourir** cette distance en deux heures.*

L'OBLIGATION / LA RECOMMANDATION

Les mêmes expressions peuvent être employées pour exprimer l'obligation ou faire une recommandation selon le temps auquel est le verbe.

Il faut	+ infinitif
On devrait	
Il faudrait que...	
C'est important que...	+ subjonctif
Il serait nécessaire que...	

Il faut obtenir une autorisation spéciale pour visiter ce parc naturel.
Il faudrait que tu l'appelles.

8 OBJET DE RÉCLAMATION

LE DISCOURS RAPPORTÉ

On peut rapporter les paroles d'une personne d'une manière plus ou moins fidèle.

- *Il a dit qu'il refusait de venir.*
- *Mais non, tu dramatises tout ! Il a simplement dit qu'il ne pouvait pas venir.*
- *Qu'est-ce qu'il a dit exactement ?*
- *Il a dit : « Je ne peux pas venir ».*

Les paroles originales directement rapportées sont entre guillemets.

Il a dit : « J'ai rencontré ta sœur il y a deux jours, juste devant chez moi ».

Quand les paroles originales ne sont pas directement rapportées, les pronoms, les possessifs, les temps du verbe, les indications temporelles et spatiales, etc. doivent souvent être adaptés.

Il a dit qu'il avait rencontré ma sœur deux jours auparavant juste devant chez lui.

Adaptations des indications temporelles et spatiales

Elles sont nécessaires quand le moment et le lieu où l'on rapporte les paroles ne coïncident pas avec le moment et le lieu où les paroles ont été prononcées.

- *Qu'est-ce que vous faites ici ?*
- *Je viens chercher mon sac que j'ai oublié en classe.*
- *Vous le récupérerez demain, votre sac. Le lycée est fermé maintenant !*

Quelques jours plus tard, le lycéen rapporte cette conversation :
Le pion m'a demandé ce que je faisais là, dans l'école. Je lui ai expliqué que j'avais oublié mon sac dans la salle de classe et que je venais le chercher. Alors il m'a dit que je le récupérerais le lendemain parce que le lycée était fermé à cette heure-là.

Les adaptations des temps du verbe

Quand le verbe introducteur (**dire** ou autre) est au présent, on ne modifie pas le temps du verbe de la phrase rapportée.

▶ présent → présent
J'ai faim. → *Il dit qu'il a faim.*

▶ passé composé → passé composé
Je suis arrivé en retard. → Il dit qu'il est arrivé en retard.

▶ futur → futur
Je viendrai te voir prochainement. → Il dit qu'il viendra me voir prochainement.

Quand le verbe introducteur (**dire** ou autre) est au passé, on modifie la plupart des temps du verbe de la phrase rapportée.

▶ présent → imparfait
J'ai faim. → Il a dit qu'il avait faim.

▶ passé composé → plus-que-parfait
Je suis arrivé en retard. → *Il a dit qu'il était arrivé en retard.*

▶ futur → conditionnel présent
Je viendrai te voir prochainement. → Il a dit qu'il viendrait me voir prochainement.

Mais certains temps ne changent pas.

▶ imparfait → imparfait
Je dormais. → Il a dit qu'il dormait.

▶ plus-que-parfait → plus-que-parfait
J'avais expliqué plusieurs fois comment faire. → Il a dit qu'il avait expliqué...

En français, la modification du temps du verbe est une façon, pour le rapporteur, d'exprimer sa neutralité.

Le patron a affirmé que tu étais incompétent.
    (= C'est lui qui a dit ça, pas moi. Je rapporte seulement ses paroles.)

Paul a dit que tu avais le profil idéal pour ce poste.
    (= Ce sont les paroles que Paul a prononcées, je me charge seulement de les rapporter.)

L'absence de modification du temps du verbe peut signifier que l'on adhère à la signification des paroles.

Le patron a affirmé que tu es très compétent pour faire ce travail.
    (= Et je suis d'accord.)

Paul a dit que tu as le profil idéal pour ce poste.
    (= Ce sont les paroles de Paul, mais j'adhère à son opinion.)

Rapporter une phrase déclarative (affirmation ou négation)

Pierre rentrera tard. → *Elle a dit que Pierre rentrerait tard.*
Le facteur n'est pas encore passé. → *Il dit que le facteur n'est pas encore passé.*

En plus du verbe **dire**, on peut rapporter une phrase déclarative avec d'autres verbes comme **déclarer, affirmer, nier, jurer, répondre, expliquer, répliquer, refuser**... Ces verbes ne sont pas neutres comme **dire**. Ils expriment les intentions de communication de l'auteur des paroles ou bien traduisent l'interprétation du rapporteur des paroles.

- *Je veux ce travail pour vendredi.*
- *Pour vendredi, je ne peux pas !*
Il a dit *qu'il ne pouvait pas pour vendredi.*
Il a refusé *de finir le travail pour vendredi.*

Dans un registre soutenu, quand le sujet des verbes **dire, affirmer, nier, jurer, répondre**, etc. et le sujet des paroles rapportées coïncident, on emploie une structure infinitive.

Elle a affirmé connaître *toutes les personnes présentes.*
Il nie avoir rencontré *Olga Bratiskaïa.*
Elles ont juré ne pas être *responsables de ce qui s'était passé.*

Rapporter une phrase interrogative

▶ Quand la phrase interrogative est une question totale.
Est-ce que Chloé aime le poisson ? → *Il demande si Chloé aime le poisson.*
Il a demandé si Chloé aimait le poisson.

▶ Quand la phrase interrogative est une question partielle (**quand, comment, où, pourquoi, quel**, etc.).
Quand est-ce que vous viendrez ? → *Elle demande quand nous viendrons.*
Pourquoi n'es-tu pas rentré à l'heure ? → *Elle a voulu savoir pourquoi je n'étais pas rentré à l'heure.*
Qui a pris mon livre ? → *Elle a demandé qui avait pris son livre.*

▶ Quand la phrase interrogative est une question avec **qu'est-ce qui / que**.
Qu'est-ce que vous faites ? → *Elle a demandé ce que nous faisions.*
Qu'est-ce qui est arrivé ? → *Elle s'est demandé ce qui était arrivé.*

En plus du verbe **demander**, on peut utiliser les verbes **vouloir savoir** ou **se demander**.

Rapporter une phrase à l'impératif ou un ordre

Tais-toi un peu ! → *Elle lui ordonne de se taire.*
Ne venez pas ! → *Je leur ai dit de ne pas venir.*

Les paroles rapportées peuvent aussi être au subjonctif.

Elle ordonne **qu'il se taise**.
Je leur ai demandé **qu'ils ne viennent pas**.

En plus des verbes **demander** et **dire**, on peut employer d'autres verbes comme **ordonner, prier, exiger, conseiller, interdire**... qui expriment les intentions de communication de l'auteur des paroles ou bien traduisent l'interprétation du rapporteur de ces paroles.

LE CONDITIONNEL PASSÉ

Le conditionnel passé est formé d'un auxiliaire (**avoir** ou **être**) au conditionnel présent, suivi du participe passé du verbe.

FAIRE		
j'	aurais	
tu	aurais	
il/elle/on	aurait	fait
nous	aurions	
vous	auriez	
ils/elles	auraient	

LES PRONOMS DÉMONSTRATIFS

Ces pronoms ne s'emploient jamais seuls. Ils sont déterminés par la particule **-ci** (ou **-là**), par un complément ou par une phrase relative. Les pronoms démonstratifs remplacent le dernier mot de la phrase précédente et ils s'emploient à la place de **il(s)**, **elle(s)** pour éviter les équivoques.

> *Serge Lebon vient finalement de faire la connaissance du réalisateur italien Carlo Ceruti ; **celui-ci** (Carlo) avait été en 2003 le président du jury du Festival d'Ankara, où **celui-là** (Serge) avait présenté son film* La Vache.

▶ **Celui de**..., **celle de**..., **ceux de**..., **celles de**...

- *Tu connais ces deux types ?*
- *○ **Celui de** gauche non, mais l'autre, c'est un collègue de Xavier.*

▶ **Celui qui / que**..., **celle qui / que**..., **ceux qui / que**..., **celles qui / que**...

- *Quelles assiettes je mets ?*
- *○ Mets **celles qui** sont dans le buffet de la salle.*

- *Lequel tu préfères ? **Celui que** je porte ou **celui qui** est à laver ?*
- *○ J'aime les deux, tout dépend de la chemise que tu vas mettre avec.*

- *J'ai rencontré Alain. Il était avec le type qui a un énorme tatouage sur le bras droit !*
- *○ **Celui qui** était venu à sa fête d'anniversaire ?*
- *Non, **celui avec qui** on l'a croisé l'autre jour dans la rue.*

▶ **Ceci**, **ce qui** et **ce que**

Ces formes servent à reprendre une phrase, une idée. Elles sont équivalentes à **ce fait**. **Ceci** se met normalement après un point tandis que **ce qui** et **ce que** sont précédés d'une virgule.

> *Ma grand-mère grinçait des dents en mangeant. **Ceci** (= ce fait) énervait terriblement mon grand-père.*
> *Ma grand-mère grinçait des dents en mangeant, **ce qui** énervait terriblement mon grand-père.*
> *Mon frère n'a pas voulu reprendre les affaires familiales, **ce que** papa ne lui a jamais pardonné.*

LES PRONOMS POSSESSIFS

● *J'ai oublié de prendre mon téléphone portable et je dois appeler Patricia avant midi.*
○ *Tiens, je te prête **le mien.***

*Tout le monde a des problèmes. Nous avons **les nôtres** et vous avez **les vôtres.***

LES ADJECTIFS		LES PRONOMS
mon *ton* *son*	*travail*	*le mien* *le tien* *le sien*
ma/mon *ta/ton* *sa/son*	*voiture / amie*	*la mienne* *la tienne* *la sienne*
mes *tes* *ses*	*ami(e)s*	*les miens/miennes* *les tiens/tiennes* *les siens/siennes*
notre *votre* *leur*	*travail / voiture*	*le/la nôtre* *le/la vôtre* *le/la leur*
nos *vos* *leurs*	*problèmes / histoires*	*les nôtres* *les vôtres* *les leurs*

DEMANDER RÉPARATION

Quand on a été victime d'une erreur (administrative, commerciale…), on peut demander à la personne, au commerce, à l'administration l'ayant commise de trouver une solution : on demande réparation.

Les verbes ou locutions verbales qui introduisent une demande de réparation peuvent être suivis du subjonctif ou d'une proposition infinitive.

***Je vous demande de me rembourser** ces communications.*
***Il demande que** le produit défectueux **soit** remplacé.*
***Je vous somme de retirer** la publicité dans les plus brefs délais.*
***Je vous prie de bien vouloir intervenir** et de mettre fin à cette situation.*

L'EXPRESSION DE L'HYPOTHÈSE (2)

Pour exprimer une action hypothétique dans le passé avec des conséquences dans le passé, on utilise :
si + plus-que-parfait et conditionnel passé.

***Si je m'étais levé** plus tôt, **je ne serais pas sorti** sans les clés de l'appart.*

9 IL ÉTAIT UNE FOIS...

LE PASSÉ SIMPLE

Le passé simple est un temps du passé, qui permet de marquer une certaine distance entre le moment du récit et les faits qu'il rapporte.

Formation

Les verbes en **-er** (tous réguliers)

CHANTER		
je		-ai
tu		-as
il/elle/on		-a
nous	chant-	-âmes
vous		-âtes
ils/elles		-èrent

Les autres verbes ont toujours les terminaisons suivantes : **-s**, **-s**, **-t**, **-mes**, **-tes**, **-rent**. C'est leur radical qui change.

finir	fini-	je finis, tu finis...
partir	parti-	je partis, tu partis...
sortir	sorti-	je sortis, tu sortis...
connaître	connu-	je connus, tu connus...
avoir	eu-	j'eus, tu eus...
être	fu-	je fus, tu fus...

Attention ! À la première personne et à la deuxième personne du pluriel, on met un accent circonflexe (^) sur la voyelle précédent la terminaison : *nous mangeâmes, vous mangeâtes, nous finîmes, vous finîtes, nous connûmes, vous connûtes...*

Emploi

Contrairement à une idée reçue, le passé simple est toujours employé en français moderne, mais généralement limité aux troisièmes personnes du singulier et du pluriel, et dans des genres littéraires comme le roman et le conte.

Le passé simple n'est pas employé dans la langue quotidienne et on lui préfère le passé composé, y compris pour rapporter des faits lointains dans le temps.

LE GÉRONDIF

Formation

On forme le gérondif avec la préposition **en** + participe présent.

En chantant, en finissant, en sachant...

Pour former le participe présent, on prend le radical du verbe au subjonctif (3e personne du pluriel) + **-ant**.

qu'ils chantent	chant + ant	chantant
qu'ils finissent	finiss + ant	finissant
qu'ils sachent	sach + ant	sachant

Attention ! Avoir et **être** sont irréguliers.

avoir → ayant
être → étant

Emploi

Le gérondif permet, entre autres, d'exprimer la simultanéité d'actions réalisées par un même sujet.

Il parle en dormant. (= Il parle et il dort au même moment.)

LA CAUSE : CAR / PUISQUE / COMME

▶ **Parce que** : pour introduire une cause, on emploie en général la conjonction **parce que** (qui répond à la question **pourquoi ?**) qui lie un fait à sa cause.

- ● *Pourquoi Judith n'est pas venue aujourd'hui ?*
- ○ *Parce qu'elle avait un examen.*

▶ **Car** est synonyme de **parce que**, mais est moins employé (surtout à l'oral ou dans des écrits informels).

Les familles sortent moins qu'avant car elles ont vu leur pouvoir d'achat baisser.

▶ **Comme** introduit un lien logique entre la cause et la conséquence. **Comme** est placé en tête de phrase.

Comme Judith a un examen aujourd'hui, elle ne viendra pas.

▶ **Puisque** introduit aussi un lien logique entre la cause et la conséquence.

Judith ne viendra pas aujourd'hui puisqu'elle a un examen.

LE BUT : AFIN DE ET POUR QUE

Pour exprimer le but, on peut employer :

▶ **Pour / afin de*** + infinitif
Afin de ne pas se perdre dans la forêt, le Petit Poucet sema des petits morceaux de pain.

▶ **Pour que / afin que*** + subjonctif
La marraine de Cendrillon transforma la citrouille en carrosse pour qu'elle puisse aller au bal.

Afin est synonyme de **pour** mais est moins courant. À l'écrit, il permet surtout d'éviter des répétitions abusives de **pour**.

LES CONNECTEURS LOGIQUES

▶ **Donc** : on peut exprimer la conséquence à l'aide du connecteur **donc**.
Ti Pocame décida d'aller vivre chez sa marraine. Il se mit donc en route.

▶ **Pourtant** exprime l'opposition entre deux idées.
Elle a mis un pull ; pourtant il ne fait pas froid : le thermomètre indique 27ºC !

SITUER DANS LE TEMPS (5)

Lorsque est un indicateur temporel équivalent à **quand**.

Lorsque l'ogre revint, les enfants avaient disparu.

Attention ! Lorsque ne peut en aucun cas remplacer **quand** dans une phrase interrogative.

Les connecteurs **pendant que** et **tandis que** permettent de situer des actions dans le temps tout en mettant en avant la simultanéité des actions qu'ils relient.

*Cendrillon faisait le ménage **pendant que** ses sœurs s'amusaient.*
*Elle fait ses devoirs **tandis que** son frère est sur Internet.*

Tandis que et **pendant que** sont des connecteurs qui, tout en indiquant la simultanéité, contiennent une idée d'opposition entre les deux actions qu'ils mettent en rapport.

10 JEUX D'ÉQUIPE

SITUER DANS LE TEMPS (6)

Depuis

Depuis permet d'indiquer le commencement d'une action qui dure au moment où on en parle.

▶ **Depuis** + une date :

*Il travaille dans cette entreprise **depuis 2004**.*
***Depuis la fin du XXe siècle**, Internet occupe une place croissante dans notre vie.*

▶ **Depuis** + durée :

*Il travaille dans cette entreprise **depuis trois ans / longtemps**.*

Il y a... que / Ça fait...

Il y a... que / Ça fait... que permettent d'indiquer la distance dans le temps qui sépare une action du moment où on en parle.

*Il **y a** quatre ans **qu'**il est parti.*

Tu montes ?

Avec plaisir. Ça fait une heure que je marche.

VERBES DE SENTIMENT + SUBJONCTIF (2)

Les verbes de sentiment et de volonté sont toujours suivis du subjonctif.

Tu veux que...	
Elle préfère que...	
Vous n'aimez pas que...	+ subjonctif
Elles souhaitent que...	

Attention ! Espérer est suivi de l'indicatif (le futur simple).

J'espère que tu viendras me voir.

LA RESTRICTION NE... QUE

Ne... que est une forme de négation qui permet de marquer une restriction.

*Pour voyager, on **ne** peut pas parler **qu'**anglais. C'est bien de parler français aussi.*
*Je n'ai pas de voiture. Je **n'**ai **qu'**un vélo pour me déplacer.*

LA QUESTION À LA FORME INTERRO-NÉGATIVE

Pour répondre affirmativement à une question contenant une négation (question interro-négative), on n'emploie **si**.

- *Il ne fait pas froid en hiver ?*
- *○ **Si**, les températures peuvent même être négatives !*

Si, au contraire, on veut confirmer l'information de la question, on répond **non**.

- *Il ne fait pas froid en hiver ?*
- *○ **Non**, nous avons des températures très douces.*

RÉPONDRE À UNE QUESTION AUTREMENT QUE PAR OUI OU NON

▶ Si la question est affirmative et la réponse affirmative : **tout à fait**, **en effet**.

- *Vous connaissez le Québec, n'est-ce pas ?*
- *○ **En effet**, je l'ai visité il y a deux ans.*

▶ Si la question est affirmative et la réponse négative : **pas du tout**.

- *Vous avez habité là-bas ?*
- *○ **Pas du tout**, j'y suis allé en touriste.*

▶ Si la question est négative et la réponse affirmative : **si**, **bien sûr** (**que si**).

- *Vous n'êtes pas sorti de Montréal, n'est-ce pas ?*
- *○ **Si**, j'ai visité une grande partie du Québec.*

▶ Si la question est négative et la réponse est négative : **absolument pas**, **vraiment pas**.

- *Vous n'avez pas eu peur ?*
- *○ **Absolument pas**.*

Les participes passés figurent entre parenthèses à côté de l'infinitif.
L'astérisque * à côté de l'infinitif indique que ce verbe se conjugue avec l'auxiliaire **être**.

VERBES AUXILIAIRES

AVOIR (eu)

• *Avoir* indique la possession. C'est aussi le principal verbe auxiliaire aux temps composés : j'ai parlé, j'ai été, j'ai fait...

INDICATIF					SUBJONCTIF	CONDITIONNEL	
présent	passé composé	imparfait	plus-que-parfait	futur simple	présent	présent	passé
j'ai	j'ai eu	j'avais	j'avais eu	j'aurai	que j'aie	j'aurais	j'aurais eu
tu as	tu as eu	tu avais	tu avais eu	tu auras	que tu aies	tu aurais	tu aurais eu
il/elle/on a	il/elle/on a eu	il/elle/on avait	il/elle/on avait eu	il/elle/on aura	qu'il/elle/on ait	il/elle/on aurait	il/elle/on aurait eu
nous avons	nous avons eu	nous avions	nous avions eu	nous aurons	que nous ayons	nous aurions	nous aurions eu
vous avez	vous avez eu	vous aviez	vous aviez eu	vous aurez	que vous ayez	vous auriez	vous auriez eu
ils/elles ont	ils/elles ont eu	ils/elles avaient	ils/elles avaient eu	ils/elles auront	qu'ils/elles aient	ils/elles auraient	ils/elles auraient eu

ÊTRE (été)

• *Être* est aussi le verbe auxiliaire aux temps composés de tous les verbes pronominaux : se lever, se taire, *etc.* et de certains autres verbes : venir, arriver, partir, *etc.*

INDICATIF					SUBJONCTIF	CONDITIONNEL	
présent	passé composé	imparfait	plus-que-parfait	futur simple	présent	présent	passé
je suis	j'ai été	j'étais	j'avais été	je serai	que je sois	je serais	j'aurais été
tu es	tu as été	tu étais	tu avais été	tu seras	que tu sois	tu serais	tu aurais été
il/elle/on est	il/elle/on a été	il/elle/on était	il/elle/on avait été	il/elle/on sera	qu'il/elle/on soit	il/elle/on serait	il/elle/on aurait été
nous sommes	nous avons été	nous étions	nous avions été	nous serons	que nous soyons	nous serions	nous aurions été
vous êtes	vous avez été	vous étiez	vous aviez été	vous serez	que vous soyez	vous seriez	vous auriez été
ils/elles sont	ils/elles ont été	ils/elles étaient	ils/elles avaient été	ils/elles seront	qu'ils/elles soient	ils/elles seraient	ils/elles auraient été

VERBES SEMI-AUXILIAIRES

ALLER* (allé)

• *Dans sa fonction de semi-auxiliaire, **aller** + infinitif permet d'exprimer un futur proche.*

INDICATIF					SUBJONCTIF	CONDITIONNEL	
présent	passé composé	imparfait	plus-que-parfait	futur simple	présent	présent	passé
je vais	je suis allé(e)	j'allais	j'étais allé(e)	j'irai	que j'aille	j'irais	je serais allé(e)
tu vas	tu es allé(e)	tu allais	tu étais allé(e)	tu iras	que tu ailles	tu irais	tu serais allé(e)
il/elle/on va	il/elle/on est allé(e)	il/elle/on allait	il/elle/on était allé(e)	il/elle/on ira	qu'il/elle/on aille	il/elle/on irait	il/elle/on serait allé(e)
nous allons	nous sommes allé(e)s	nous allions	nous étions allé(e)s	nous irons	que nous allions	nous irions	nous serions allé(e)s
vous allez	vous êtes allé(e)(s)	vous alliez	vous étiez allé(e)(s)	vous irez	que vous alliez	vous iriez	vous seriez allé(e)(s)
ils/elles vont	ils/elles sont allé(e)s	ils/elles allaient	ils/elles étaient allé(e)s	ils/elles iront	qu'ils/elles aillent	ils/elles iraient	ils/elles seraient allé(e)s

VENIR* (venu)

• *Dans sa fonction de semi-auxiliaire, **venir de** + infinitif permet d'exprimer un passé récent.*

INDICATIF					SUBJONCTIF	CONDITIONNEL	
présent	passé composé	imparfait	plus-que-parfait	futur simple	présent	présent	passé
je viens	je suis venu(e)	je venais	j'étais venu(e)	je viendrai	que je vienne	je viendrais	je serais venu(e)
tu viens	tu es venu(e)	tu venais	tu étais venu(e)	tu viendras	que tu viennes	tu viendrais	tu serais venu(e)
il/elle/on vient	il/elle/on est venu(e)	il/elle/on venait	il/elle/on était venu(e)	il/elle/on viendra	qu'il/elle/on vienne	il/elle/on viendrait	il/elle/on serait venu(e)
nous venons	nous sommes venu(e)s	nous venions	nous étions venu(e)s	nous viendrons	que nous venions	nous viendrions	nous serions venu(e)s
vous venez	vous êtes venu(e)(s)	vous veniez	vous étiez venu(e)(s)	vous viendrez	que vous veniez	vous viendriez	vous seriez venu(e)(s)
ils/elles viennent	ils/elles sont venu(e)s	ils/elles venaient	ils/elles étaient venu(e)s	ils/elles viendront	qu'ils/elles viennent	ils/elles viendraient	ils/elles seraient venu(e)s

VERBES RÉFLEXIFS (OU PRONOMINAUX)

S'APPELER* (appelé)

• *La plupart des verbes en **-eler** doublent leur **l** aux mêmes personnes et aux mêmes temps que le verbe **s'appeler**.*

INDICATIF					SUBJONCTIF	CONDITIONNEL	
présent	passé composé	imparfait	plus-que-parfait	futur simple	présent	présent	passé
je m'appelle	je me suis appelé(e)	je m'appelais	je m'étais appelé(e)	je m'appellerai	que je m'appelle	je m'appellerais	je me serais appelé(e)
tu t'appelles	tu t'es appelé(e)	tu t'appelais	tu t'étais appelé(e)	tu t'appelleras	que tu t'appelles	tu t'appellerais	tu te serais appelé(e)
il/elle/on s'appelle	il/elle/on s'est appelé(e)	il/elle/on s'appelait	il/elle/on s'était appelé(e)	il/elle/on s'appellera	qu'il/elle/on s'appelle	il/elle/on s'appellerait	il/elle/on se serait appelé(e)
nous nous appelons	nous nous sommes appelé(e)s	nous nous appelions	nous nous étions appelé(e)s	nous nous appellerons	que nous nous appelions	nous nous appellerions	nous nous serions appelé(e)s
vous vous appelez	vous vous êtes appelé(e)(s)	vous vous appeliez	vous vous étiez appelé(e)(s)	vous vous appellerez	que vous vous appeliez	vous vous appelleriez	vous vous seriez appelé(e)(s)
ils/elles s'appellent	ils/elles se sont appelé(e)s	ils/elles s'appelaient	ils/elles s'étaient appelé(e)s	ils/elles s'appelleront	qu'ils/elles s'appellent	ils/elles s'appelleraient	ils/elles se seraient appelé(e)s

SE LEVER* (levé)

INDICATIF					SUBJONCTIF	CONDITIONNEL	
présent	passé composé	imparfait	plus-que-parfait	futur simple	présent	présent	passé
je me lève	je me suis levé(e)	je me levais	je m'étais levé(e)	je me lèverai	que je me lève	je me lèverais	je me serais levé(e)
tu te lèves	tu t'es levé(e)	tu te levais	tu t'étais levé(e)	tu te lèveras	que tu te lèves	tu te lèverais	tu te serais levé(e)
il/elle/on se lève	il/elle/on s'est levé(e)	il/elle/on se levait	il/elle/on s'était levé(e)	il/elle/on se lèvera	qu'il/elle/on se lève	il/elle/on se lèverait	il/elle/on se serait levé(e)
nous nous levons	nous nous sommes levé(e)s	nous nous levions	nous nous étions levé(e)s	nous nous lèverons	que nous nous levions	nous nous lèverions	nous nous serions levé(e)s
vous vous levez	vous vous êtes levé(e)(s)	vous vous leviez	vous vous étiez levé(e)(s)	vous vous lèverez	que vous vous leviez	vous vous lèveriez	vous vous seriez levé(e)(s)
ils/elles se lèvent	ils/elles se sont levé(e)s	ils/elles se levaient	ils/elles s'étaient levé(e)s	ils/elles se lèveront	qu'ils/elles se lèvent	ils/elles se lèveraient	ils/elles se seraient levé(e)s

VERBES IMPERSONNELS

Ces verbes ne se conjuguent qu'à la troisième personne du singulier avec le pronom sujet **il**.

FALLOIR (fallu)

INDICATIF					SUBJONCTIF	CONDITIONNEL	
présent	passé composé	imparfait	plus-que-parfait	futur simple	présent	présent	passé
il faut	il a fallu	il fallait	il avait fallu	il faudra	qu'il faille	il faudrait	il aurait fallu

PLEUVOIR (plu)

• *La plupart des verbes qui se réfèrent aux phénomènes météorologiques sont impersonnels : il neige, il pleut...*

INDICATIF					SUBJONCTIF	CONDITIONNEL	
présent	passé composé	imparfait	plus-que-parfait	futur simple	présent	présent	passé
il pleut	il a plu	il pleuvait	il avait plu	il pleuvra	qu'il pleuve	il pleuvrait	il aurait plu

VERBES EN -ER (1er GROUPE)

PARLER (parlé)

• Les trois personnes du singulier et la 3e personne du pluriel se prononcent [parl] au présent de l'indicatif.

INDICATIF					SUBJONCTIF	CONDITIONNEL	
présent	passé composé	imparfait	plus-que-parfait	futur simple	présent	présent	passé
je parle tu parles il/elle/on parle nous parlons vous parlez ils/elles parlent	j'ai parlé tu as parlé il/elle/on a parlé nous avons parlé vous avez parlé ils/elles ont parlé	je parlais tu parlais il/elle/on parlait nous parlions vous parliez ils/elles parlaient	j'avais parlé tu avais parlé il/elle/on avait parlé nous avions parlé vous aviez parlé ils/elles avaient parlé	je parlerai tu parleras il/elle/on parlera nous parlerons vous parlerez ils/elles parleront	que je parle que tu parles qu'il/elle/on parle que nous parlions que vous parliez qu'ils/elles parlent	je parlerais tu parlerais il/elle/on parlerait nous parlerions vous parleriez ils/elles parleraient	j'aurais parlé tu aurais parlé il/elle/on aurait parlé nous aurions parlé vous auriez parlé ils/elles auraient parlé

Formes particulières de certains verbes en -er

ACHETER (acheté)

• Les trois personnes du singulier et la 3e personne du pluriel portent un accent grave sur le è et se prononcent [ɛ] au présent de l'indicatif. La 1re et la 2e du pluriel sont sans accent et se prononcent [ə].

INDICATIF					SUBJONCTIF	CONDITIONNEL	
présent	passé composé	imparfait	plus-que-parfait	futur simple	présent	présent	passé
j'achète tu achètes il/elle/on achète nous achetons vous achetez ils/elles achètent	j'ai acheté tu as acheté il/elle/on a acheté nous avons acheté vous avez acheté ils/elles ont acheté	j'achetais tu achetais il/elle/on achetait nous achetions vous achetiez ils/elles achetaient	j'avais acheté tu avais acheté il/elle/on avait acheté nous avions acheté vous aviez acheté ils/elles avaient acheté	j'achèterai tu achèteras il/elle/on achètera nous achèterons vous achèterez ils/elles achèteront	que j'achète que tu achètes qu'il/elle/on achète que nous achetions que vous achetiez qu'ils/elles achètent	j'achèterais tu achèterais il/elle/on achèterait nous achèterions vous achèteriez ils/elles achèteraient	j'aurais acheté tu aurais acheté ill/elle/on aurait acheté nous aurions acheté vous auriez acheté ils/elles auraient acheté

APPELER (appelé)

INDICATIF					SUBJONCTIF	CONDITIONNEL	
présent	passé composé	imparfait	plus-que-parfait	futur simple	présent	présent	passé
j'appelle tu appelles il/elle/on appelle nous appelons vous appelez ils/elles appellent	j'ai appelé tu as appelé il/elle/on a appelé nous avons appelé vous avez appelé ils/elles ont appelé	j'appelais tu appelais il/elle/on appelait nous appelions vous appeliez ils/elles appelaient	j'avais appelé tu avais appelé il/elle/on avait appelé nous avions appelé vous aviez appelé ils/elles avaient appelé	j'appellerai tu appelleras il/elle/on appellera nous appellerons vous appellerez ils/elles appelleront	que j'appelle que tu appelles qu'il/elle/on appelle que nous appelions que vous appeliez qu'ils/elles appellent	j'appellerais tu appellerais il/elle/on appellerait nous appellerions vous appelleriez ils/elles appelleraient	j'aurais appelé tu aurais appelé il/elle/on aurait appelé nous aurions appelé vous auriez appelé ils/elles auraient appelé

AVANCER (avancé)

INDICATIF					SUBJONCTIF	CONDITIONNEL	
présent	passé composé	imparfait	plus-que-parfait	futur simple	présent	présent	passé
j'avance tu avances il/elle/on avance nous avançons vous avancez ils/elles avancent	j'ai avancé tu as avancé il/elle/on a avancé nous avons avancé vous avez avancé ils/elles ont avancé	j'avançais tu avançais il/elle/on avançait nous avancions vous avanciez ils/elles avançaient	j'avais avancé tu avais avancé il/elle/on avait avancé nous avions avancé vous aviez avancé ils/elles avaient avancé	j'avancerai tu avanceras il/elle/on avancera nous avancerons vous avancerez ils/elles avanceront	que j'avance que tu avances qu'il/elle/on avance que nous avancions que vous avanciez qu'ils/elles avancent	j'avancerais tu avancerais il/elle/on avancerait nous avancerions vous avanceriez ils/elles avanceraient	j'aurais avancé tu aurais avancé il/elle/on aurait avancé nous aurions avancé vous auriez avancé ils/elles auraient avancé

COMMENCER (commencé)

*• Le **c** de tous les verbes en **-cer** devient **ç** devant **a** et **o** pour maintenir la prononciation [s].*

INDICATIF					SUBJONCTIF	CONDITIONNEL	
présent	passé composé	imparfait	plus-que-parfait	futur simple	présent	présent	passé
je commence	j'ai commencé	je commençais	j'avais commencé	je commencerai	que je commence	je commencerais	j'aurais commencé
tu commences	tu as commencé	tu commençais	tu avais commencé	tu commenceras	que tu commences	tu commencerais	tu aurais commencé
il/elle/on commence	il/elle/on a commencé	il/elle/on commençait	il/elle/on avait commencé	il/elle/on commencera	qu'il/elle/on commence	il/elle/on commencerait	il/elle/on aurait commencé
nous commençons	nous avons commencé	nous commencions	nous avions commencé	nous commencerons	que nous commencions	nous commencerions	nous aurions commencé
vous commencez	vous avez commencé	vous commenciez	vous aviez commencé	vous commencerez	que vous commenciez	vous commenceriez	vous auriez commencé
ils/elles commencent	ils/elles ont commencé	ils/elles commençaient	ils/elles avaient commencé	ils/elles commenceront	qu'ils/elles commencent	ils/elles commenceraient	ils/elles auraient commencé

EMMENER (emmené)

INDICATIF					SUBJONCTIF	CONDITIONNEL	
présent	passé composé	imparfait	plus-que-parfait	futur simple	présent	présent	passé
j'emmène	j'ai emmené	j'emmenais	j'avais emmené	j'emmènerai	que j'emmène	j'emmènerais	j'aurais emmené
tu emmènes	tu as emmené	tu emmenais	tu avais emmené	tu emmèneras	que tu emmènes	tu emmènerais	tu aurais emmené
il/elle/on emmène	il/elle/on a emmené	il/elle/on emmenait	il avait emmené	il/elle/on emmènera	qu'il/elle/on emmène	il/elle/on emmènerait	il/elle/on aurait emmené
nous emmenons	nous avons emmené	nous emmenions	nous avions emmené	nous emmènerons	que nous emmenions	nous emmènerions	nous aurions emmené
vous emmenez	vous avez emmené	vous emmeniez	vous aviez emmené	vous emmènerez	que vous emmeniez	vous emmèneriez	tvous auriez emmené
ils/elles emmènent	ils/elles ont emmené	ils/elles emmenaient	ils/elles avaient emmené	ils/elles emmèneront	qu'ils/elles emmènent	ils/elles emmèneraient	ils/elles auraient emmené

EMPLOYER (employé)

INDICATIF					SUBJONCTIF	CONDITIONNEL	
présent	passé composé	imparfait	plus-que-parfait	futur simple	présent	présent	passé
j'emploie	j'ai employé	j'employais	j'avais employé	j'emploierai	que j'emploie	j'emploierais	j'aurais employé
tu emploies	tu as employé	tu employais	tu avais employé	tu emploieras	que tu emploies	tu emploierais	tu aurais employé
il/elle/on emploie	il/elle/on a employé	il/elle/on employait	il/elle/on avait employé	il/elle/on emploiera	qu'il/elle/on emploie	il/elle/on emploierait	il/elle/on aurait employé
nous employons	nous avons employé	nous employions	nous avions employé	nous emploierons	que nous employions	nous emploierions	nous aurions employé
vous employez	vous avez employé	vous employiez	vous aviez employé	vous emploierez	que vous employiez	vous emploieriez	vous auriez employé
ils/elles emploient	ils/elles ont employé	ils/elles employaient	ils/elles avaient employé	ils/elles emploieront	qu'ils/elles emploient	ils/elles emploieraient	ils/elles auraient employé

ENVOYER (envoyé)

INDICATIF					SUBJONCTIF	CONDITIONNEL	
présent	passé composé	imparfait	plus-que-parfait	futur simple	présent	présent	passé
j'envoie	j'ai envoyé	j'envoyais	j'avais envoyé	j'enverrai	que j'envoie	j'enverrais	j'aurais envoyé
tu envoies	tu as envoyé	tu envoyais	tu avais envoyé	tu enverras	que tu envoies	tu enverrais	tu aurais envoyé
il/elle/on envoie	il/elle/on a envoyé	il/elle/on envoyait	il/elle/on avait envoyé	il/elle/on enverra	qu'il/elle/on envoie	il/elle/on enverrait	il/elle/on aurait envoyé
nous envoyons	nous avons envoyé	nous envoyions	nous avions envoyé	nous enverrons	que nous envoyions	nous enverrions	nous aurions envoyé
vous envoyez	vous avez envoyé	vous envoyiez	vous aviez envoyé	vous enverrez	que vous tenvoyiez	vous enverriez	vous auriez envoyé
ils/elles envoient	ils/elles ont envoyé	ils/elles envoyaient	ils/elles avaient envoyé	ils/elles enverront	qu'ils/elles envoient	ils/elles enverraient	ils/elles auraient envoyé

ÉPELER (épelé)

INDICATIF					SUBJONCTIF	CONDITIONNEL	
présent	passé composé	imparfait	plus-que-parfait	futur simple	présent	présent	passé
j'épelle	j'ai épelé	j'épelais	j'avais épelé	j'épellerai	que j'épelle	j'épellerais	j'aurais épelé
tu épelles	tu as épelé	tu épelais	tu avais épelé	tu épelleras	que tu épelles	tu épellerais	tu aurais épelé
il/elle/on épelle	il/elle/on a épelé	il/elle/on épelait	il/elle/on avait épelé	il/elle/on épellera	qu'il/elle/on épelle	il/elle/on épellerait	il/elle/on aurait épelé
nous épelons	nous avons épelé	nous épelions	nous avions épelé	nous épellerons	que nous épelions	nous épellerions	nous aurions épelé
vous épelez	vous avez épelé	vous épeliez	vous aviez épelé	vous épellerez	que vous épeliez	vous épelleriez	vous auriez épelé
ils/elles épellent	ils/elles ont épelé	ils/elles épelaient	ils/elles avaient épelé	ils/elles épelleront	qu'ils/elles épellent	ils/elles épelleraient	ils/elles auraient épelé

ESSAYER (essayé)

INDICATIF					SUBJONCTIF	CONDITIONNEL	
présent	passé composé	imparfait	plus-que-parfait	futur simple	présent	présent	passé
j'essaie / essaye	j'ai essayé	j'essayais	j'avais essayé	j'essaierai / essayerai	que j'essaie / essaye	j'essaierais / essayerais	j'aurais essayé
tu essaies / essayes	tu as essayé	tu essayais	tu avais essayé	tu essaieras / essayeras	que tu essaies / essayes	tu essaierais / essayerais	tu aurais essayé
il/elle/on essaie / essaye	il/elle/on a essayé	il/elle/on essayait	il/elle/on avait essayé	il/elle/on essaiera / essayera	qu'il/elle/on essaie / essaye	il/elle/on essaierait / essayerait	il/elle/on aurait essayé
nous essayons	nous avons essayé	nous essayions	nous avions essayé	nous essaierons / essayerons	que nous essayions	nous essaierions / essayerions	nous aurions essayé
vous essayez	vous avez essayé	vous essayiez	vous aviez essayé	vous essaierez / essayerez	que vous essayiez	vous essaieriez / essayeriez	vous auriez essayé
ils/elles essaient / essayent	ils/elles ont essayé	ils/elles essayaient	ils/elles avaient essayé	ils/elles essaieront / essayeront	qu'ils/elles essaient / essayent	ils/elles essaieraient / essayeraient	ils/elles auraient essayé

GÉRER (géré)

INDICATIF					SUBJONCTIF	CONDITIONNEL	
présent	passé composé	imparfait	plus-que-parfait	futur simple	présent	présent	passé
je gère	j'ai géré	je gérais	j'avais géré	je gérerai	que je gère	je gérerais	j'aurais géré
tu gères	tu as géré	tu gérais	tu avais géré	tu géreras	que tu gères	tu gérerais	tu aurais géré
il/elle/on gère	il/elle/on a géré	il/elle/on gérait	il/elle/on avait géré	il/elle/on gérera	qu'il/elle/on gère	il/elle/on gérerait	il/elle/on aurait géré
nous gérons	nous avons géré	nous gérions	nous avions géré	nous gérerons	que nous gérions	nous gérerions	nous aurions géré
vous gérez	vous avez géré	vous gériez	vous aviez géré	vous gérerez	que vous gériez	vous géreriez	vous auriez géré
ils/elles gèrent	ils/elles ont géré	ils/elles géraient	ils/elles avaient géré	ils/elles géreront	qu'ils/elles gèrent	ils/elles géreraient	ils/elles auraient géré

JETER (jeté)

INDICATIF					SUBJONCTIF	CONDITIONNEL	
présent	passé composé	imparfait	plus-que-parfait	futur simple	présent	présent	passé
je jette	j'ai jeté	je jetais	j'avais jeté	je jetterai	que je jette	je jetterais	j'aurais jeté
tu jettes	tu as jeté	tu jetais	tu avais jeté	tu jetteras	que tu jettes	tu jetterais	tu aurais jeté
il/elle/on jette	il/elle/on a jeté	il/elle/on jetait	il/elle/on avait jeté	il/elle/on jettera	qu'il/elle/on jette	il/elle/on jetterait	il/elle/on aurait jeté
nous jetons	nous avons jeté	nous jetions	nous avions jeté	nous jetterons	que nous jetions	nous jetterions	nous aurions jeté
vous jetez	vous avez jeté	vous jetiez	vous aviez jeté	vous jetterez	que vous jetiez	vous jetteriez	vous auriez jeté
ils/elles jettent	ils/elles ont jeté	ils/elles jetaient	ils/elles avaient jeté	ils/elles jetteront	qu'ils/elles jettent	ils/elles jetteraient	ils/elles auraient jeté

MANGER (mangé)

*• Devant **a** et **o**, on place un **e** pour maintenir la prononciation [ʒ] dans tous les verbes en -**ger**.*

INDICATIF					SUBJONCTIF	CONDITIONNEL	
présent	passé composé	imparfait	plus-que-parfait	futur simple	présent	présent	passé
je mange tu manges il/elle/on mange nous mangeons vous mangez ils/elles mangent	j'ai mangé tu as mangé il/elle/on a mangé nous avons mangé vous avez mangé ils/elles ont mangé	je mangeais tu mangeais il/elle/on mangeait nous mangions vous mangiez ils/elles mangeaient	j'avais mangé tu avais mangé il/elle/on avait mangé nous avions mangé vous aviez mangé ils/elles avaient mangé	je mangerai tu mangeras il/elle/on mangera nous mangerons vous mangerez ils/elles mangeront	que je mange que tu manges qu'il/elle/on mange que nous mangions que vous mangiez qu'ils/elles mangent	je mangerais tu mangerais il/elle/on mangerait nous mangerions vous mangeriez ils/elles mangeraient	j'aurais mangé tu aurais mangé il/elle/on aurait mangé nous aurions mangé vous auriez mangé ils/elles auraient mangé

NETTOYER (nettoyé)

INDICATIF					SUBJONCTIF	CONDITIONNEL	
présent	passé composé	imparfait	plus-que-parfait	futur simple	présent	présent	passé
je nettoie tu nettoies il/elle/on nettoie nous nettoyons vous nettoyez ils/elles nettoient	j'ai nettoyé tu as nettoyé il/elle/on a nettoyé nous avons nettoyé vous avez nettoyé ils/elles ont nettoyé	je nettoyais tu nettoyais il/elle/on nettoyait nous nettoyions vous nettoyiez ils/elles nettoyaient	j'avais nettoyé tu avais nettoyé il/elle/on avait nettoyé nous avions nettoyé vous aviez nettoyé ils/elles avaient nettoyé	je nettoierai tu nettoieras il/elle/on nettoiera nous nettoierons vous nettoierez ils/elles nettoieront	que je nettoie que tu nettoies qu'il/elle/on nettoie que nous nettoyions que vous nettoyiez qu'ils/elles nettoient	je nettoierais tu nettoierais il/elle/on nettoierait nous nettoierions vous nettoieriez ils/elles nettoieraient	j'aurais nettoyé tu aurais nettoyé il/elle/on aurait nettoyé nous aurions nettoyé vous auriez nettoyé ils/elles auraient nettoyé

PAYER (payé)

INDICATIF					SUBJONCTIF	CONDITIONNEL	
présent	passé composé	imparfait	plus-que-parfait	futur simple	présent	présent	passé
je paie / paye tu paies / payes il/elle/on paie / paye nous payons vous payez ils/elles paient / payent	j'ai payé tu as payé il/elle/on a payé nous avons payé vous avez payé ils/elles ont payé	je payais tu payais il/elle/on payait nous payions vous payiez ils/elles payaient	j'avais payé tu avais payé il/elle/on avait payé nous avions payé vous aviez payé ils/elles avaient payé	je paierai / payerai tu paieras / payeras il/elle/on paiera / payera nous paierons / payerons vous paierez / payerez ils/elles paieront / payeront	que je paie / paye que tu paies / payes qu'il/elle/on paie / paye que nous payions que vous payiez qu'ils/elles paient / payent	je paierais / payerais tu paierais / payerais il/elle/on paierait / payerait nous paierions / payerions vous paieriez / payeriez ils/elles paieraient / payeraient	j'aurais payé tu aurais payé il/elle/on aurait payé nous aurions payé vous auriez payé ils/elles auraient payé

PRÉFÉRER (préféré)

*• Pour les trois personnes du singulier et la 3e personne du pluriel, le **e** se prononce [-e-ɛ-] ; la 1re et la 2e du pluriel [-e-e-] au présent de l'indicatif.*

INDICATIF					SUBJONCTIF	CONDITIONNEL	
présent	passé composé	imparfait	plus-que-parfait	futur simple	présent	présent	passé
je préfère tu préfères il/elle/on préfère nous préférons vous préférez ils/elles préfèrent	j'ai préféré tu as préféré il/elle/on a préféré nous avons préféré vous avez préféré ils/elles ont préféré	je préférais tu préférais il/elle/on préférait nous préférions vous préfériez ils/elles préféraient	j'avais préféré tu avais préféré il/elle/on avait préféré nous avions préféré vous aviez préféré ils/elles avaient préféré	je préférerai tu préféreras il/elle/on préférera nous préférerons vous préférerez ils/elles préféreront	que je préfère que tu préfères qu'il/elle/on préfère que nous préférions que vous préfériez qu'ils/elles préfèrent	je préférerais tu préférerais il/elle/on préférerait nous préférerions vous préféreriez ils/elles préféreraient	j'aurais préféré tu aurais préféré il/elle/on aurait préféré nous aurions préféré vous auriez préféré ils/elles auraient préféré

AUTRES VERBES (2e ET 3e GROUPES)

ATTENDRE (attendu)

• Les verbes **répondre**, **rendre** et **vendre** se conjuguent sur ce modèle.

INDICATIF					SUBJONCTIF	CONDITIONNEL	
présent	passé composé	imparfait	plus-que-parfait	futur simple	présent	présent	passé
j'attends tu attends il/elle/on attend nous attendons vous attendez ils/elles attendent	j'ai attendu tu as attendu il/elle/on a attendu nous avons attendu vous avez attendu ils/elles ont attendu	j'attendais tu attendais il/elle/on attendait nous attendions vous attendiez ils/elles attendaient	j'avais attendu tu avais attendu il/elle/on avait attendu nous avions attendu vous aviez attendu ils/elles avaient attendu	j'attendrai tu attendras il/elle/on attendra nous attendrons vous attendrez ils/elles attendront	que j'attende que tu attendes qu'il/elle/on attende que nous attendions que vous attendiez qu'ils/elles attendent	j'attendrais tu attendrais il/elle/on attendrait nous attendrions vous attendriez ils/elles attendraient	j'aurais attendu tu aurais attendu il/elle/on aurait attendu nous aurions attendu vous auriez attendu ils/elles auraient attendu

BOIRE (bu)

INDICATIF					SUBJONCTIF	CONDITIONNEL	
présent	passé composé	imparfait	plus-que-parfait	futur simple	présent	présent	passé
je bois tu bois il/elle/on boit nous buvons vous buvez ils/elles boivent	j'ai bu tu as bu il/elle/on a bu nous avons bu vous avez bu ils/elles ont bu	je buvais tu buvais il/elle/on buvait nous buvions vous buviez ils/elles buvaient	j'avais bu tu avais bu il/elle/on avait bu nous avions bu vous aviez bu ils/elles avaient bu	je boirai tu boiras il/elle/on boira nous boirons vous boirez ils/elles boiront	que je boive que tu boives qu'il/elle/on boive que nous buvions que vous buviez qu'ils/elles boivent	je boirais tu boirais il/elle/on boirait nous boirions vous boiriez ils/elles boiraient	j'aurais bu tu aurais bu il/elle/on aurait bu nous aurions bu vous auriez bu ils/elles auraient bu

CHOISIR (choisi)

• Les verbes **grandir** et **maigrir** se conjuguent sur ce modèle.

INDICATIF					SUBJONCTIF	CONDITIONNEL	
présent	passé composé	imparfait	plus-que-parfait	futur simple	présent	présent	passé
je choisis tu choisis il/elle/on choisit nous choisissons vous choisissez ils/elles choisissent	j'ai choisi tu as choisi il/elle/on a choisi nous avons choisi vous avez choisi ils/elles ont choisi	je choisissais tu choisissais il/elle/on choisissait nous choisissions vous choisissiez ils/elles choisissaient	j'avais choisi tu avais choisi il/elle/on avait choisi nous avions choisi vous aviez choisi ils/elles avaient choisi	je choisirai tu choisiras il/elle/on choisira nous choisirons vous choisirez ils/elles choisiront	que je choisisse que tu choisisses qu'il/elle/on choisisse que nous choisissions que vous choisissiez qu'ils/elles choisissent	je choisirais tu choisirais il/elle/on choisirait nous choisirions vous choisiriez ils/elles choisiraient	j'aurais choisi tu aurais choisi il/elle/on aurait choisi nous aurions choisi vous auriez choisi ils/elles auraient choisi

CONDUIRE (conduit)

INDICATIF					SUBJONCTIF	CONDITIONNEL	
présent	passé composé	imparfait	plus-que-parfait	futur simple	présent	présent	passé
je conduis tu conduis il/elle/on conduit nous conduisons vous conduisez ils/elles conduisent	j'ai conduit tu as conduit il/elle/on a conduit nous avons conduit vous avez conduit ils/elles ont conduit	je conduisais tu conduisais il/elle/on conduisait nous conduisions vous conduisiez ils/elles conduisaient	j'avais conduit tu avais conduit il/elle/on avait conduit nous avions conduit vous aviez conduit ils/elles avaient conduit	je conduirai tu conduiras il/elle/on conduira nous conduirons vous conduirez ils/elles conduiront	que je conduise que tu conduises qu'il/elle/on conduise que nous conduisions que vous conduisiez qu'ils/elles conduisent	je conduirais tu conduirais il/elle/on conduirait nous conduirions vous conduiriez ils/elles conduiraient	j'aurais conduit tu aurais conduit il/elle/on aurait conduit nous aurions conduit vous auriez conduit ils/elles auraient conduit

CONNAÎTRE (connu)

*• Tous les verbes en **-aître** se conjuguent sur ce modèle.*

INDICATIF					SUBJONCTIF	CONDITIONNEL	
présent	passé composé	imparfait	plus-que-parfait	futur simple	présent	présent	passé
je connais tu connais il/elle/on connaît nous connaissons vous connaissez ils/elles connaissent	j'ai connu tu as connu il/elle/on a connu nous avons connu vous avez connu ils/elles ont connu	je connaissais tu connaissais il/elle/on connaissait nous connaissions vous connaissiez ils/elles connaissaient	j'avais connu tu avais connu il/elle/on avait connu nous avions connu vous aviez connu ils/elles avaient connu	je connaîtrai tu connaîtras il/elle/on connaîtra nous connaîtrons vous connaîtrez ils/elles connaîtront	que je connaisse que tu connaisses qu'il/elle/on connaisse que nous connaissions que vous connaissiez qu'ils/elles connaissent	je connaîtrais tu connaîtrais il/elle/on connaîtrait nous connaîtrions vous connaîtriez ils/elles connaîtraient	j'aurais connu tu aurais connu il/elle/on aurait connu nous aurions connu vous auriez connu ils/elles auraient connu

COURIR (couru)

*• Le futur simple et le conditionnel présent s'écrivent avec deux **r**, celui du radical et celui de la désinence : je courrai.*

INDICATIF					SUBJONCTIF	CONDITIONNEL	
présent	passé composé	imparfait	plus-que-parfait	futur simple	présent	présent	passé
je cours tu cours il/elle/on court nous courons vous courez ils/elles courent	j'ai couru tu as couru il/elle/on a couru nous avons couru vous avez couru ils/elles ont couru	je courais tu courais il/elle/on courait nous courions vous couriez ils/elles couraient	j'avais couru tu avais couru il/elle/on avait couru nous avions couru vous aviez couru ils/elles avaient couru	je courrai tu courras il/elle/on courra nous courrons vous courrez ils/elles courront	que je coure que tu coures qu'il/elle/on coure que nous courions que vous couriez qu'ils/elles courent	je courrais tu courrais il/elle/on courrait nous courrions vous courriez ils/elles courraient	j'aurais couru tu aurais couru il/elle/on aurait couru nous aurions couru vous auriez couru ils/elles auraient couru

CROIRE (cru)

INDICATIF					SUBJONCTIF	CONDITIONNEL	
présent	passé composé	imparfait	plus-que-parfait	futur simple	présent	présent	passé
je crois tu crois il/elle/on croit nous croyons vous croyez ils/elles croient	j'ai cru tu as cru il/elle/on a cru nous avons cru vous avez cru ils/elles ont cru	je croyais tu croyais il/elle/on croyait nous croyions vous croyiez ils/elles croyaient	j'avais cru tu avais cru il/elle/on avait cru nous avions cru vous aviez cru ils/elles avaient cru	je croirai tu croiras il/elle/on croira nous croirons vous croirez ils/elles croiront	que je croie que tu croies qu'il/elle/on croie que nous croyions que vous croyiez qu'ils/elles croient	je croirais tu croirais il/elle/on croirait nous croirions vous croiriez ils/elles croiraient	j'aurais cru tu aurais cru il/elle/on aurait cru nous aurions cru vous auriez cru ils/elles auraient cru

DÉCOUVRIR (découvert)

INDICATIF					SUBJONCTIF	CONDITIONNEL	
présent	passé composé	imparfait	plus-que-parfait	futur simple	présent	présent	passé
je découvre tu découvres il/elle/on découvre nous découvrons vous découvrez ils/elles découvrent	j'ai découvert tu as découvert il/elle/on a découvert nous avons découvert vous avez découvert ils/elles ont découvert	je découvrais tu découvrais il/elle/on découvrait nous découvrions vous découvriez ils/elles découvraient	j'avais découvert tu avais découvert il/elle/on avait découvert nous avions découvert vous aviez découvert ils/elles avaient découvert	je découvrirai tu découvriras il/elle/on découvrira nous découvrirons vous découvrirez ils/elles découvriront	que je découvre que tu découvres qu'il/elle/on découvre que nous découvrions que vous découvriez qu'ils/elles découvrent	je découvrirais tu découvrirais il/elle/on découvrirait nous découvririons vous découvririez ils/elles découvriraient	j'aurais découvert tu aurais découvert il/elle/on aurait découvert nous aurions découvert vous auriez découvert ils/elles auraient découvert

DESCENDRE* (descendu)

• *Attention, il peut aussi s'employer avec l'auxiliaire* **avoir** : *J'ai descendu la côte.*

INDICATIF					SUBJONCTIF	CONDITIONNEL	
présent	passé composé	imparfait	plus-que-parfait	futur simple	présent	présent	passé
je descends	je suis descendu(e)	je descendais	j'étais descendu(e)	je descendrai	que je descende	je descendrais	je serais descendu(e)
tu descends	tu es descendu(e)	tu descendais	tu étais descendu(e)	tu descendras	que tu descendes	tu descendrais	tu serais descendu(e)
il/elle/on descend	il/elle/on est descendu(e)	il/elle/on descendait	il/elle/on était descendu(e)	il/elle/on descendra	qu'il/elle/on descende	il/elle/on descendrait	il/elle/on serait descendu(e)
nous descendons	nous sommes descendu(e)s	nous descendions	nous étions descendu(e)s	nous descendrons	que nous descendions	nous descendrions	nous serions descendu(e)s
vous descendez	vous êtes descendu(e)(s)	vous descendiez	vous étiez descendu(e)(s)	vous descendrez	que vous descendiez	vous descendriez	vous seriez descendu(e)(s)
ils/elles descendent	ils/elles sont descendu(e)s	ils/elles descendaient	ils/elles étaient descendu(e)s	ils/elles descendront	qu'ils/elles descendent	ils/elles descendraient	ils/elles seraient descendu(e)s

DEVOIR (dû)

INDICATIF					SUBJONCTIF	CONDITIONNEL	
présent	passé composé	imparfait	plus-que-parfait	futur simple	présent	présent	passé
je dois	j'ai dû	je devais	j'avais dû	je devrai	que je doive	je devrais	j'aurais dû
tu dois	tu as dû	tu devais	tu avais dû	tu devras	que tu doives	tu devrais	tu aurais dû
il/elle/on doit	il/elle/on a dû	il/elle/on devait	il/elle/on avait dû	il/elle/on devra	qu'il/elle/on doive	il/elle/on devrait	il/elle/on aurait dû
nous devons	nous avons dû	nous devions	nous avions dû	nous devrons	que nous devions	nous devrions	nous aurions dû
vous devez	vous avez dû	vous deviez	vous aviez dû	vous devrez	que vous deviez	vous devriez	vous auriez dû
ils/elles doivent	ils/elles ont dû	ils/elles devaient	ils/elles avaient dû	ils/elles devront	qu'ils/elles doivent	ils/elles devraient	ils/elles auraient dû

DIRE (dit)

INDICATIF					SUBJONCTIF	CONDITIONNEL	
présent	passé composé	imparfait	plus-que-parfait	futur simple	présent	présent	passé
je dis	j'ai dit	je disais	j'avais dit	je dirai	que je dise	je dirais	j'aurais dit
tu dis	tu as dit	tu disais	tu avais dit	tu diras	que tu dises	tu dirais	tu aurais dit
il/elle/on dit	il/elle/on a dit	il/elle/on disait	il/elle/on avait dit	il/elle/on dira	qu'il/elle/on dise	il/elle/on dirait	il/elle/on aurait dit
nous disons	nous avons dit	nous disions	nous avions dit	nous dirons	que nous disions	nous dirions	nous aurions dit
vous dites	vous avez dit	vous disiez	vous aviez dit	vous direz	que vous disiez	vous diriez	vous auriez dit
ils/elles disent	ils/elles ont dit	ils/elles disaient	ils/elles avaient dit	ils/elles diront	qu'ils/elles disent	ils/elles diraient	ils/elles auraient dit

ÉCRIRE (écrit)

INDICATIF					SUBJONCTIF	CONDITIONNEL	
présent	passé composé	imparfait	plus-que-parfait	futur simple	présent	présent	passé
j'écris	j'ai écrit	j'écrivais	j'avais écrit	j'écrirai	que j'écrive	j'écrirais	j'aurais écrit
tu écris	tu as écrit	tu écrivais	tu avais écrit	tu écriras	que tu écrives	tu écrirais	tu aurais écrit
il/elle/on écrit	il/elle/on a écrit	il/elle/on écrivait	il/elle/on avait écrit	il/elle/on écrira	qu'il/elle/on écrive	il/elle/on écrirait	il/elle/on aurait écrit
nous écrivons	nous avons écrit	nous écrivions	nous avions écrit	nous écrirons	que nous écrivions	nous écririons	nous aurions écrit
vous écrivez	vous avez écrit	vous écriviez	vous aviez écrit	vous écrirez	que vous écriviez	vous écririez	vous auriez écrit
ils/elles écrivent	ils/elles ont écrit	ils/elles écrivaient	ils/elles avaient écrit	ils/elles écriront	qu'ils/elles écrivent	ils/elles écriraient	ils/elles auraient écrit

ENTENDRE (entendu)

INDICATIF					SUBJONCTIF	CONDITIONNEL	
présent	passé composé	imparfait	plus-que-parfait	futur simple	présent	présent	passé
j'entends tu entends il/elle/on entend nous entendons vous entendez ils/elles entendent	j'ai entendu tu as entendu il/elle/on a entendu nous avons entendu vous avez entendu ils/elles ont entendu	j'entendais tu entendais il/elle/on entendait nous entendions vous entendiez ils/elles entendaient	j'avais entendu tu avais entendu il/elle/on avait entendu nous avions entendu vous aviez entendu ils/elles avaient entendu	j'entendrai tu entendras il/elle/on entendra nous entendrons vous entendrez ils/elles entendront	que j'entende que tu entendes qu'il/elle/on entende que nous entendions que vous entendiez qu'ils/elles entendent	j'entendrais tu entendrais il/elle/on entendrait nous entendrions vous entendriez ils/elles entendraient	j'aurais entendu tu aurais entendu il/elle/on aurait entendu nous aurions entendu vous auriez entendu ils/elles auraient entendu

FAIRE (fait)

• *La forme* **-ai** *dans* **nous faisons** *se prononce* [ɛ].

INDICATIF					SUBJONCTIF	CONDITIONNEL	
présent	passé composé	imparfait	plus-que-parfait	futur simple	présent	présent	passé
je fais tu fais il/elle/on fait nous faisons vous faites ils/elles font	j'ai fait tu as fait il/elle/on a fait nous avons fait vous avez fait ils/elles ont fait	je faisais tu faisais il/elle/on faisait nous faisions vous faisiez ils/elles faisaient	j'avais fait tu avais fait il/elle/on avait fait nous avions fait vous aviez fait ils/elles avaient fait	je ferai tu feras il/elle/on fera nous ferons vous ferez ils/elles feront	que je fasse que tu fasses qu'il/elle/on fasse que nous fassions que vous fassiez qu'ils/elles fassent	je ferais tu ferais il/elle/on ferait nous ferions vous feriez ils/elles feraient	j'aurais fait tu aurais fait il/elle/on aurait fait nous aurions fait vous auriez fait ils/elles auraient fait

FINIR (fini)

INDICATIF					SUBJONCTIF	CONDITIONNEL	
présent	passé composé	imparfait	plus-que-parfait	futur simple	présent	présent	passé
je finis tu finis il/elle/on finit nous finissons vous finissez ils/elles finissent	j'ai fini tu as fini il/elle/on a fini nous avons fini vous avez fini ils/elles ont fini	je finissais tu finissais il/elle/on finissait nous finissions vous finissiez ils/elles finissaient	j'avais fini tu avais fini il/elle/on avait fini nous avions fini vous aviez fini ils/elles avaient fini	je finirai tu finiras il/elle/on finira nous finirons vous finirez ils/elles finiront	que je finisse que tu finisses qu'il/elle/on finisse que nous finissions que vous finissiez qu'ils/elles finissent	je finirais tu finirais il/elle/on finirait nous finirions vous finiriez ils/elles finiraient	j'aurais fini tu aurais fini il/elle/on aurait fini nous aurions fini vous auriez fini ils/elles auraient fini

INTRODUIRE (introduit)

INDICATIF					SUBJONCTIF	CONDITIONNEL	
présent	passé composé	imparfait	plus-que-parfait	futur simple	présent	présent	passé
j'introduis tu introduis il/elle/on introduit nous introduisons vous introduisez ils/elles introduisent	j'ai introduit tu as introduit il/elle/on a introduit nous avons introduit vous avez introduit ils/elles ont introduit	j'introduisais tu introduisais il/elle/on introduisait nous introduisions vous introduisiez ils/elles introduisaient	j'avais introduit tu avais introduit il/elle/on avait introduit nous avions introduit vous aviez introduit ils/elles avaient introduit	j'introduirai tu introduiras il/elle/on introduira nous introduirons vous introduirez ils/elles introduiront	que j'introduise que tu introduises qu'il/elle/on introduise que nous introduisions que vous introduisiez qu'ils/elles introduisent	j'introduirais tu introduirais il/elle/on introduirait nous introduirions vous introduiriez ils/elles introduiraient	j'aurais introduit tu aurais introduit il/elle/on aurait introduit nous aurions introduit vous auriez introduit ils/elles auraient introduit

LIRE (lu)

INDICATIF					SUBJONCTIF	CONDITIONNEL	
présent	passé composé	imparfait	plus-que-parfait	futur simple	présent	présent	passé
je lis	j'ai lu	je lisais	j'avais lu	je lirai	que je lise	je lirais	j'aurais lu
tu lis	tu as lu	tu lisais	tu avais lu	tu liras	que tu lises	tu lirais	tu aurais lu
il/elle/on lit	il/elle/on a lu	il/elle/on lisait	il/elle/on avait lu	il/elle/on lira	qu'il/elle/on lise	il/elle/on lirait	il/elle/on aurait lu
nous lisons	nous avons lu	nous lisions	nous avions lu	nous lirons	que nous lisions	nous lirions	nous aurions lu
vous lisez	vous avez lu	vous lisiez	vous aviez lu	vous lirez	que vous lisiez	vous liriez	vous auriez lu
ils/elles lisent	ils/elles ont lu	ils/elles lisaient	ils/elles avaient lu	ils/elles liront	qu'ils/elles lisent	ils/elles liraient	ils/elles auraient lu

METTRE (mis)

INDICATIF					SUBJONCTIF	CONDITIONNEL	
présent	passé composé	imparfait	plus-que-parfait	futur simple	présent	présent	passé
je mets	j'ai mis	je mettais	j'avais mis	je mettrai	que je mette	je mettrais	j'aurais mis
tu mets	tu as mis	tu mettais	tu avais mis	tu mettras	que tu mettes	tu mettrais	tu aurais mis
il/elle/on met	il/elle/on a mis	il/elle/on mettait	il/elle/on avait mis	il/elle/on mettra	qu'il/elle/on mette	il/elle/on mettrait	il/elle/on aurait mis
nous mettons	nous avons mis	nous mettions	nous avions mis	nous mettrons	que nous mettions	nous mettrions	nous aurions mis
vous mettez	vous avez mis	vous mettiez	vous aviez mis	vous mettrez	que vous mettiez	vous mettriez	vous auriez mis
ils/elles mettent	ils/elles ont mis	ils/elles mettaient	ils/elles avaient mis	ils/elles mettront	qu'ils/elles mettent	ils/elles mettraient	ils/elles auraient mis

OFFRIR (offert)

INDICATIF					SUBJONCTIF	CONDITIONNEL	
présent	passé composé	imparfait	plus-que-parfait	futur simple	présent	présent	passé
j'offre	j'ai offert	j'offrais	j'avais offert	j'offrirai	que j'offre	j'offrirais	j'aurais offert
tu offres	tu as offert	tu offrais	tu avais offert	tu offriras	que tu offres	tu offrirais	tu aurais offert
il/elle/on offre	il/elle/on a offert	il/elle/on offrait	il/elle/on avait offert	il/elle/on offrira	qu'il/elle/on offre	il/elle/on offrirait	il/elle/on aurait offert
nous offrons	nous avons offert	nous offrions	nous avions offert	nous offrirons	que nous offrions	nous offririons	nous aurions offert
vous offrez	vous avez offert	vous offriez	vous aviez offert	vous offrirez	que vous offriez	vous offririez	vous auriez offert
ils/elles offrent	ils/elles ont offert	ils/elles offraient	ils/elles avaient offert	ils/elles offriront	qu'ils/elles offrent	ils/elles offriraient	ils/elles auraient offert

OUVRIR (ouvert)

INDICATIF					SUBJONCTIF	CONDITIONNEL	
présent	passé composé	imparfait	plus-que-parfait	futur simple	présent	présent	passé
j'ouvre	j'ai ouvert	j'ouvrais	j'avais ouvert	j'ouvrirai	que j'ouvre	j'ouvrirais	j'aurais ouvert
tu ouvres	tu as ouvert	tu ouvrais	tu avais ouvert	tu ouvriras	que tu ouvres	tu ouvrirais	tu aurais ouvert
il/elle/on ouvre	il/elle/on a ouvert	il/elle/on ouvrait	il avait ouvert	il/elle/on ouvrira	qu'il/elle/on ouvre	il/elle/on ouvrirait	il/elle/on aurait ouvert
nous ouvrons	nous avons ouvert	nous ouvrions	nous avions ouvert	nous ouvrirons	que nous ouvrions	nous ouvririons	nous aurions ouvert
vous ouvrez	vous avez ouvert	vous ouvriez	vous aviez ouvert	vous ouvrirez	que vous ouvriez	vous ouvririez	vous auriez ouvert
ils/elles ouvrent	ils/elles ont ouvert	ils/elles ouvraient	ils/elles avaient ouvert	ils/elles ouvriront	qu'ils/elles ouvrent	ils/elles ouvriraient	ils/elles auraient ouvert

PARTIR* (parti)

*• Le verbe **sortir** se conjugue sur ce modèle. Attention, il peut aussi s'employer avec l'auxiliaire **avoir** : J'ai sorti mon livre de mon sac à dos.*

INDICATIF					SUBJONCTIF	CONDITIONNEL	
présent	passé composé	imparfait	plus-que-parfait	futur simple	présent	présent	passé
je pars tu pars il/elle/on part nous partons vous partez ils/elles partent	je suis parti(e) tu es parti(e) il/elle/on est parti(e) nous sommes parti(e)s vous êtes parti(e)(s) ils/elles sont parti(e)s	je partais tu partais il/elle/on partait nous partions vous partiez ils/elles partaient	j'étais parti(e) tu étais parti(e) il/elle/on était parti(e) nous étions parti(e)s vous étiez parti(e)(s) ils/elles étaient parti(e)s	je partirai tu partiras il/elle/on partira nous partirons vous partirez ils/elles partiront	que je parte que tu partes qu'il/elle/on parte que nous partions que vous partiez qu'ils/elles partent	je partirais tu partirais il/elle/on partirait nous partirions vous partiriez ils/elles partiraient	je serais parti(e) tu serais parti(e) il/elle/on serait parti(e) nous serions parti(e)s vous seriez parti(e)(s) ils/elles seraient parti(e)s

PEINDRE (peint)

INDICATIF					SUBJONCTIF	CONDITIONNEL	
présent	passé composé	imparfait	plus-que-parfait	futur simple	présent	présent	passé
je peins tu peins il/elle/on peint nous peignons vous peignez ils/elles peignent	j'ai peint tu as peint il/elle/on a peint nous avons peint vous avez peint ils/elles ont peint	je peignais tu peignais il/elle/on peignait nous peignions vous peigniez ils/elles peignaient	j'avais peint tu avais peint il/elle/on avait peint nous avions peint vous aviez peint ils/elles avaient peint	je peindrai tu peindras il/elle/on peindra nous peindrons vous peindrez ils/elles peindront	que je peigne que tu peignes qu'il/elle/on peigne que nous peignions que vous peigniez qu'ils/elles peignent	je peindrais tu peindrais il/elle/on peindrait nous peindrions vous peindriez ils/elles peindraient	j'aurais peint tu aurais peint il/elle/on aurait peint nous aurions peint vous auriez peint ils/elles auraient peint

PERDRE (perdu)

INDICATIF					SUBJONCTIF	CONDITIONNEL	
présent	passé composé	imparfait	plus-que-parfait	futur simple	présent	présent	passé
je perds tu perds il/elle/on perd nous perdons vous perdez ils/elles perdent	j'ai perdu tu as perdu il/elle/on a perdu nous avons perdu vous avez perdu ils/elles ont perdu	je perdais tu perdais il/elle/on perdait nous perdions vous perdiez ils/elles perdaient	j'avais perdu tu avais perdu il/elle/on avait perdu nous avions perdu vous aviez perdu ils/elles avaient perdu	je perdrai tu perdras il/elle/on perdra nous perdrons vous perdrez ils/elles perdront	que je perde que tu perdes qu'il/elle/on perde que nous perdions que vous perdiez qu'ils/elles perdent	je perdrais tu perdrais il/elle/on perdrait nous perdrions vous perdriez ils/elles perdraient	j'aurais perdu tu aurais perdu il/elle/on aurait perdu nous aurions perdu vous auriez perdu ils/elles auraient perdu

POUVOIR (pu)

• Dans les questions avec inversion verbe-sujet, on utilise la forme ancienne de la 1re personne du singulier : Puis-je vous renseigner ?

INDICATIF					SUBJONCTIF	CONDITIONNEL	
présent	passé composé	imparfait	plus-que-parfait	futur simple	présent	présent	passé
je peux tu peux il/elle/on peut nous pouvons vous pouvez ils/elles peuvent	j'ai pu tu as pu il/elle/on a pu nous avons pu vous avez pu ils/elles ont pu	je pouvais tu pouvais il/elle/on pouvait nous pouvions vous pouviez ils/elles pouvaient	j'avais pu tu avais pu il/elle/on avait pu nous avions pu vous aviez pu ils/elles avaient pu	je pourrai tu pourras il/elle/on pourra nous pourrons vous pourrez ils/elles pourront	que je puisse que tu puisses qu'il/elle/on puisse que nous puissions que vous puissiez qu'ils/elles puissent	je pourrais tu pourrais il/elle/on pourrait nous pourrions vous pourriez ils/elles pourraient	j'aurais pu tu aurais pu il/elle/on aurait pu nous aurions pu vous auriez pu ils/elles auraient pu

PRENDRE (pris)

INDICATIF					SUBJONCTIF	CONDITIONNEL	
présent	passé composé	imparfait	plus-que-parfait	futur simple	présent	présent	passé
je prends tu prends il/elle/on prend nous prenons vous prenez ils/elles prennent	j'ai pris tu as pris il/elle/on a pris nous avons pris vous avez pris ils/elles ont pris	je prenais tu prenais il/elle/on prenait nous prenions vous preniez ils/elles prenaient	j'avais pris tu avais pris il/elle/on avait pris nous avions pris vous aviez pris ils/elles avaient pris	je prendrai tu prendras il/elle/on prendra nous prendrons vous prendrez ils/elles prendront	que je prenne que tu prennes qu'il/elle/on prenne que nous prenions que vous preniez qu'ils/elles prennent	je prendrais tu prendrais il/elle/on prendrait nous prendrions vous prendriez ils/elles prendraient	j'aurais pris tu aurais pris il/elle/on aurait pris nous aurions pris vous auriez pris ils/elles auraient pris

REMPLIR (rempli)

INDICATIF					SUBJONCTIF	CONDITIONNEL	
présent	passé composé	imparfait	plus-que-parfait	futur simple	présent	présent	passé
je remplis tu remplis il/elle/on remplit nous remplissons vous remplissez ils/elles remplissent	j'ai rempli tu as rempli il/elle/on a rempli nous avons rempli vous avez rempli ils/elles ont rempli	je remplissais tu remplissais il/elle/on remplissait nous remplissions vous remplissiez ils/elles remplissaient	j'avais rempli tu avais rempli il/elle/on avait rempli nous avions rempli vous aviez rempli ils/elles avaient rempli	je remplirai tu rempliras il/elle/on remplira nous remplirons vous remplirez ils/elles rempliront	que je remplisse que tu remplisses qu'il/elle/on remplisse que nous remplissions que vous remplissiez qu'ils/elles remplissent	je remplirais tu remplirais il/elle/on remplirait nous remplirions vous rempliriez ils/elles rempliraient	j'aurais rempli tu aurais rempli il/elle/on aurait rempli nous aurions rempli vous auriez rempli ils/elles auraient rempli

REPARTIR (reparti)

INDICATIF					SUBJONCTIF	CONDITIONNEL	
présent	passé composé	imparfait	plus-que-parfait	futur simple	présent	présent	passé
je repars tu repars il/elle/on repart nous repartons vous repartez ils/elles repartent	je suis reparti(e) tu es reparti(e) il/elle/on est reparti(e) nous sommes reparti(e)s vous êtes reparti(e)(s) ils/elles sont reparti(e)s	je repartais tu repartais il/elle/on repartait nous repartions vous repartiez ils/elles repartaient	j'étais reparti(e) tu étais reparti(e) il/elle/on était reparti(e) nous étions reparti(e)s vous étiez reparti(e)(s) ils/elles étaient reparti(e)s	je repartirai tu repartiras il/elle/on repartira nous repartirons vous repartirez ils/elles repartiront	que je reparte que tu repartes qu'il/elle/on reparte que nous repartions que vous repartiez qu'ils/elles repartent	je repartirais tu repartirais il/elle/on repartirait nous repartirions vous repartiriez ils/elles repartiraient	je serais reparti(e) tu serais reparti(e) il/elle/on serait reparti(e) nous serions reparti(e)s vous seriez reparti(e)(s) ils/elles seraient reparti(e)s

SAVOIR (su)

INDICATIF					SUBJONCTIF	CONDITIONNEL	
présent	passé composé	imparfait	plus-que-parfait	futur simple	présent	présent	passé
je sais tu sais il/elle/on sait nous savons vous savez ils/elles savent	j'ai su tu as su il/elle/on a su nous avons su vous avez su ils/elles ont su	je savais tu savais il/elle/on savait nous savions vous saviez ils/elles savaient	j'avais su tu avais su il/elle/on avait su nous avions su vous aviez su ils/elles avaient su	je saurai tu sauras il/elle/on saura nous saurons vous saurez ils/elles sauront	que je sache que tu saches qu'il/elle/on sache que nous sachions que vous sachiez qu'ils/elles sachent	je saurais tu saurais il/elle/on saurait nous saurions vous sauriez ils/elles sauraient	j'aurais su tu aurais su il/elle/on aurait su nous aurions su vous auriez su ils/elles auraient su

SUIVRE (suivi)

*• La 1re personne des verbes **suivre** et **être** est identique au présent de l'indicatif : je suis.*

INDICATIF					SUBJONCTIF	CONDITIONNEL	
présent	passé composé	imparfait	plus-que-parfait	futur simple	présent	présent	passé
je suis tu suis il/elle/on suit nous suivons vous suivez ils/elles suivent	j'ai suivi tu as suivi il/elle/on a suivi nous avons suivi vous avez suivi ils/elles ont suivi	je suivais tu suivais il/elle/on suivait nous suivions vous suiviez ils/elles suivaient	j'avais suivi tu avais suivi il/elle/on avait suivi nous avions suivi vous aviez suivi ils/elles avaient suivi	je suivrai tu suivras il/elle/on suivra nous suivrons vous suivrez ils/elles suivront	que je suive que tu suives qu'il/elle/on suive que nous suivions que vous suiviez qu'ils/elles suivent	je suivrais tu suivrais il/elle/on suivrait nous suivrions vous suivriez ils/elles suivraient	j'aurais suivi tu aurais suivi il/elle/on aurait suivi nous aurions suivi vous auriez suivi ils/elles auraient suivi

VIVRE (vécu)

INDICATIF					SUBJONCTIF	CONDITIONNEL	
présent	passé composé	imparfait	plus-que-parfait	futur simple	présent	présent	passé
je vis tu vis il/elle/on vit nous vivons vous vivez ils/elles vivent	j'ai vécu tu as vécu il/elle/on a vécu nous avons vécu vous avez vécu ils/elles ont vécu	je vivais tu vivais il/elle/on vivait nous vivions vous viviez ils/elles vivaient	j'avais vécu tu avais vécu il/elle/on avait vécu nous avions vécu vous aviez vécu ils/elles avaient vécu	je vivrai tu vivras il/elle/on vivra nous vivrons vous vivrez ils/elles vivront	que je vive que tu vives qu'il/elle/on vive que nous vivions que vous viviez qu'ils/elles vivent	je vivrais tu vivrais il/elle/on vivrait nous vivrions vous vivriez ils/elles vivraient	j'aurais vécu tu aurais vécu il/elle/on aurait vécu nous aurions vécu vous auriez vécu ils/elles auraient vécu

VOIR (vu)

*• À l'imparfait, à la 1re et à la 2e personne du pluriel : nous voyions, vous voyiez. **Voir** prend deux **r** au futur et au conditionnel .*

INDICATIF					SUBJONCTIF	CONDITIONNEL	
présent	passé composé	imparfait	plus-que-parfait	futur simple	présent	présent	passé
je vois tu vois il/elle/on voit nous voyons vous voyez ils/elles voient	j'ai vu tu as vu il/elle/on a vu nous avons vu vous avez vu ils/elles ont vu	je voyais tu voyais il/elle/on voyait nous voyions vous voyiez ils/elles voyaient	j'avais vu tu avais vu il/elle/on avait vu nous avions vu vous aviez vu ils/elles avaient vu	je verrai tu verras il/elle/on verra nous verrons vous verrez ils/elles verront	que je voie que tu voies qu'il/elle/on voie que nous voyions que vous voyiez qu'ils/elles voient	je verrais tu verrais il/elle/on verrait nous verrions vous verriez ils/elles verraient	j'aurais vu tu aurais vu il/elle/on aurait vu nous aurions vu vous auriez vu ils/elles auraient vu

VOULOIR (voulu)

INDICATIF					SUBJONCTIF	CONDITIONNEL	
présent	passé composé	imparfait	plus-que-parfait	futur simple	présent	présent	passé
je veux tu veux il/elle/on veut nous voulons vous voulez ils/elles veulent	j'ai voulu tu as voulu il/elle/on a voulu nous avons voulu vous avez voulu ils/elles ont voulu	je voulais tu voulais il/elle/on voulait nous voulions vous vouliez ils/elles voulaient	j'avais voulu tu avais voulu il/elle/on avait voulu nous avions voulu vous aviez voulu ils/elles avaient voulu	je voudrai tu voudras il/elle/on voudra nous voudrons vous voudrez ils/elles voudront	que je veuille que tu veuilles qu'il/elle/on veuille que nous voulions que vous vouliez qu'ils/elles veuillent	je voudrais tu voudrais il/elle/on voudrait nous voudrions vous voudriez ils/elles voudraient	j'aurais voulu tu aurais voulu il/elle/on aurait voulu nous aurions voulu vous auriez voulu ils/elles auraient voulu

Index

E

F

G

H

I

J

L

M

NOUVEAU
ROND-POINT 2

B1

Méthode de français basée sur l'apprentissage par les tâches

LIVRE DE L'ÉLÈVE + CD AUDIO + ACTIVITÉS 2.0

Auteurs : Catherine Flumian, Josiane Labascoule, Serge Priniotakis, Corinne Royer
Conseil pédagogique et révision : Christian Puren
Comité de lecture : Agustín Garmendia, Philippe Liria
Coordination éditoriale : Gema Ballesteros
Correction : Sarah Billecocq
Conception graphique et couverture : Besada+Cukar
Mise en page : Besada+Cukar
Illustrations : Javier Andrada et David Revilla

Remerciements : Nous tenons à remercier toutes les personnes qui ont contribué à la réalisation de ce manuel, notamment Coryse Calendini, Katia Coppola et Lucile Lacan.

Cet ouvrage est une version de l'édition *Rond-Point 2* (Difusión, Centre de Recherche et de Publications de Langues, S.L., 2004) et est basé sur l'approche didactique et méthodologique mise en place par Ernesto Martín et Neus Sans.
© Les auteurs et Difusión, Centre de Recherche et de Publications de Langues, S.L., 2011

ISBN : 978-84-8443-695-9
Réimpression : novembre 2015
Dépôt légal : B-07.853-2013
Imprimé dans l'UE

EDITIONS
maison des langues

www.emdl.fr